多久家文書にみる『葉隠』の時代

……………………………………片倉日龍雄

多久家文書が収蔵されている
赤煉瓦の書庫

提供:多久市教育委員会

書庫内の収蔵状況

真中左より台形の小高い丘が梶峰城趾、その手前一帯が多久御構内と称され、
御屋形があった。(北方の丘から南をのぞむ)

はじめに

佐賀県多久市の市立郷土資料館には、近世多久家（後述）に関係する中・近世期の古文書・古記録「多久家文書」（佐賀県重要文化財）が所蔵されている。総点数二九〇〇点に及ぶ。その大半は、佐賀藩士山本常朝の口述書で、「葉隠論語」とも称される『葉隠』の中の、出来事や逸話の対象となっている十六世紀末〜十八世紀初頭と同時代のもので、極めて貴重な地域史料群である。しかし、その全貌解明はいまだ道半ばである。

多久古文書の村の「多久古文書学校」（後述）では、この多久家文書のうち近世多久領役所の業務日記「御屋形日記」と、十二世紀末から十八世紀末にわたる多久家関係古文書が集積された「肥陽旧章録」を解読翻刻するという、息の長い作業に取り組んでいる。そのなかには、これまでの通説や私自身が先入観的に抱いていた人物像や地域像とは異なる実態がいろいろあった。

例えば、『佐賀県史』では、佐賀藩は他領との交流を厳しく制限する封鎖的政策がとられていた、との記述があるが、佐賀藩多久と唐津藩厳木の地域住民たちは間道を通って自由に往来していたり、多久家の武士と唐津藩厳木の庄屋たちは長年にわたって親密な交流をもち、藩境侵犯紛争を地域住民同士で未然に解決する事例があったりする。また、多久三代領主多久茂矩の隠居のことについても、『葉隠』の定評ある考証書『葉隠聞書校補』には、当代、当人にもっとも近い史料である多久家文書が参照されることなく、茂矩の実像とは異なる記述がなされていることを発見した。

当時の悪評高い「生類憐みの令」についても、犯罪入牢者に対して手厚い保護をするという現代の人権感覚に近い扱いがあったり、猪などの獣害に対しては鉄炮を使うことも許容する弾力的な対応がなされていたこともわかった。

また、世に言いはやされている剛直な「葉隠武士」像とはかけ離れた軟弱な武士や、戦国時代を脱した新しい世の価値観や作法にうまく適応できない武士たちがいた。その一方で、硬直した男社会の中で、藩主の閨房育児組織に属し、したたかに立身を遂げた女性もいたのである。

本書は、多久古文書学校に席を置く一人として、多久家文書を読み解くなかから拾い上げた、当時の武士や庶民たちの現実感あふれる諸相の一端を紹介するものである。

近世多久家

中世以後、現在の多久市を中心とした地域を統治した支配者として、通称、前多久氏（まえたくし）、後多久氏（あとたくし）と呼ばれる二家がある。

前多久氏は、源頼朝からこの地を与えられ、摂津国から下向してこの地を治めた多久太郎宗直の名が伝えられている。前多久氏は戦国後期までこの地を拠点として存続したが、元亀元年（一五七〇）五州の太守といわれた龍造寺隆信の弟長信が侵攻し、この地の新しい支配者となった。天正十二年（一五八四）龍造寺隆信が戦死したあと、佐賀地方の領国経営をめぐっては、龍造寺本家の後継者が幼少であることや、龍造寺家臣団の要請、さらに中央統一政権の意向などもあって、龍造寺氏→鍋島氏への政権移行がなされた。

龍造寺長信の嫡子家久は、多久安順と名を改め、鍋島氏へ臣従することとなった。これが後多久氏＝近世多久家の始まりであるが、多久氏は幕末に至るまで、佐賀本藩の給人領主として、年貢徴収を含む一定の自治権を保有してこの地域を統治した。

近世多久家の統治エリアは、当初、小城郡・佐賀郡・杵島郡にわたる比較的広域の物成高一六四〇〇石を領有していたが、佐賀本藩の財政難を理由に、二度にわたる「三部上地」（三〇%の献地）がなされた結果、現在の多久市全域、および武雄市北方町・小城市牛津町・杵嶋郡江北町・佐賀市嘉瀬町・同市北川副町のそれぞれ一部が多久領として残り、八六四〇石（知行高二一六〇〇石）と、ほぼ半減したのであった。

多久古文書の村と多久古文書学校

「多久古文書の村」は、多久市とその周辺地域の古文書・古記録の保存・整理・保管活用を行うことを目的として、当時、九州大学経済学部教授であった秀村選三氏が呼び掛けられ、昭和五十三年（一九七八）八月に、村長・秀村氏、散使《さじ》・細川章氏として発足した民学協同の地域史研究団体である。細川氏は当時、多久市立図書館司書で、「散使」（触役《ふれやく》）という名の事務局長であった。国際交流を含む活発な活動により、昭和六十年七月、サントリー地域文化賞を受賞した。

「多久古文書学校」は、村の学習組織として二年後の五十五年年九月に開学した。これまですでに資料集『水江臣記、』、『佐賀藩多久家御定書』、『丹邱邑誌』、『佐賀藩多久領御家中寺社家由緒書』などを、協同学習の成果として完成させている。

多久家文書にみる『葉隠』の時代

もくじ

口絵
多久家文書が収蔵されている赤煉瓦の書庫
書庫内の収蔵状況
梶峰城址と多久御構内（御屋形跡）の全景
※提供：多久市教育委員会

多久家文書にみる『葉隠』の時代

多久家文書にみる『葉隠』の武士たち

ことし（平成二十四年）第一四六回直木賞を受賞した葉室麟『蜩ノ記』の主人公・戸田秋谷は、じつに強くいさぎよい武士である。無実の罪により切腹を命じられ、弁明の機会はあったが、十年の猶予期間中に科せられた藩史編纂を完成させたあと従容として死に就く。昨年見た映画「最後の忠臣蔵」も、これに似通う趣があった。赤穂藩士・寺坂吉右衛門は、大石内蔵助の命を守って討ち入りから外れ、幼い大石の遺児を辛苦のうちに養育し豪商に嫁がせる。主命を果たした寺坂は、彼を「十六年待っていた」女を退け、四十七士のあとを追う。ここに描かれているのは主命の理非を論ずることなく主命を守って死を選んだ武士の物語である。

武士、または武士道というとき、なんとなく死をも恐れぬいさぎよさが連想され、その禁欲的な生き様に一種の憧れを感じたりする。『葉隠』の一節「武士道といふは死ぬことと見附けたり」や、「おくれ取り申すまじき事」というフレーズが無意識のうちに刷り込まれているのかもしれない。

その江戸期の同じ空気の中で生きていた多久地域の同時代人は「武士」や「武士道」をどのように見ていたであろうか。また、多久の武士たちの実際の姿は、どのようなものであったのだろうか。

多久古文書学校では「御屋形日記」や「肥陽旧章録」など「多久家」に伝わる文書の読み解きを進めている。その時期が、まさに『葉隠』の時代、十七世紀の佐賀藩多久領の記録群なのである。これを見逃す手はない、ということで、多久における葉隠武士の実際を見ることにしよう。

「御屋形日記」の「武士」、「武士道」

「御屋形日記」というのは江戸時代の多久領役所（当時の多久領主は佐賀本藩の上級家臣である傍ら、現在の多久市を中心とした地域の年貢徴収権を持ち、領民を統治管理する役割を担っていた）の業務日記である。天和二年（一六八二）から明治三年（一八七〇）まで一八九年にわたり、ほとんど欠けるところなく伝来している。内容は多久領の行政・治安、多久家臣への業務指示・処遇など武士・支配側の記事が多いが、領民の民生や出来事についての記事も三割程度ある。

「御屋形日記」の読み解きは現在、元禄十四年（一七〇一）まで二〇年分進んだところであるが、この中で、武士階級の上層身分を示す「侍」という語の用例は、「侍通」、「惣侍」など比較的多く見られるのに対し、「武士」、「武士道」の語は少ない。「武士」が三例、「武士道」一例を見いだしたのみであった。階層集団としての「武士」という認識は、まだ一般的でなかったのかもしれない。

「武士」の語の初出は元禄三年（一六〇九）五月二日付の記事である。田上太左衛門の従者鈴山形左衛門が、酒乱の上いろいろ不作法があった。取り調べの結果を聞いた領主は、「宜しからざる仕形、不届思し召し上げられ候、向後の儀、武士相立たず、刀・脇差などさし候はん様にと仰せ出され」たとある。酒乱の度がひどく、武士の体面を汚したということであろうか。武士に一定の品格が求められる時代になっていたこと、刀・脇差が優越身分としての武士のシンボルでもあったことがわかる。

「武士道」の記事は同年十月二十六日付にある。関係者の主従関係が複雑でわかりにくいが、不届きなことがあり所払いされた中原五郎右衛門の嫡子孫介が、「武士道負《そむき》シ《し》候付、刀・脇差さし、武士の奉公仕らず様」仰せつけられたというものである。これだけでは、具体的に何が武士道にそむく行為であったのかわからない。ただ、「武士道」という「武士が逸脱してはならない規範」のようなものが意識されていたことは推測できる。

「武士」記事の他の二例は、いくらか具体的である。

一つは、元禄六年（一六九三）三月十六日付。空閑甚左衛門被官の勘左衛門が短気を起こして女房と娘を殺してしまう。そのとき女房の父親の五郎右衛門は、そばにいながら止めもせず、脇差さえ置いて逃げてしまった。判決は、「両腰取り上げ、御領分追放、向後武士の奉公仕らず様にと仰付け」られた。

もう一例、元禄十三年（一七〇〇）七月から八月にかけての記事がある。靏田武太夫という武士が、牛津で干鯛を付けた馬に接触され、馬子と口論になった。馬子が武太夫に対し、「重畳、愚意を申し掛け、侍に対し憚らず申し募った」にもかかわらず、その場で決着をつけず先延ばしした。このやり方は「武士の一分相立たず」と判断され、「右科《とが》により、以来召仕えられず御用なしに」仰せ付けられた。二人はいわゆる「腰抜け侍」（臆病な武士）とみなされたのであろうが、それは科《とが》（罪科）であるとして、武士身分から追放されたのである。

わずかな例であるが、十七世紀末の多久あたりで、「武士道」と呼ばれる武士の準拠規範的なものが認識されていたこと、武士には一定の品格が要求され、臆病・優柔不断（「おくれを取る」こと）は、致命的な武士不適格条項であったことがわかる。

「水江臣記」の武士たち

多久家文書の中に「水江臣記」(刊本は文献出版社)という由緒書集がある。水ケ江龍造寺家(のちの多久氏)に仕えた家臣たちの由緒を編集したもので、『葉隠』と同じ十八世紀初頭の成立と考えられている。語られるのは、自分の先祖が主君の御用にたった勲功報告が中心であろうと考えるのだが、よく読むと主君への忠誠よりも、先祖の武勇に力点があるようにも見える。例を挙げよう。

徳永八良左衛門の先祖は、かつては龍造寺氏に敵対する志久村(現・武雄市北方町)の土豪であった。龍造寺勢としばしば戦い、西岡覚右衛門の先祖を「鉄砲にて打ち殺」し、野田勝右衛門の先祖野田与七郎と志久峠で出逢い討ち取り、首を下げて帰った、と先祖の武勇歴を由緒書に書き込んでいる。殺された側の西岡はそのことを、「徳永と打死仕り候」、野田は、「志久峠にて打死仕り候」と、とくに恥じるふうもなく淡々と書く。今は、共に多久茂文に仕える上士クラスの家臣である。お互い遺恨が残っている模様でもない。

元和偃武から約百年、平和な時代が続く中で主君へ提出される由緒書に、過去のこととはいえ、現主君勢力への抵抗事歴が誇らしげに書かれ、それが容認されるこの時代には、まだ武力賛美の時代思潮が支配的であったと思われる。そう考えると、当時の武士の優先価値観は「武勇」であり、武士にとって「おくれを取る」ことが致命的欠格条項であった事情も理解できる。

「申し分け」する武士たち

ではこの時期、現実の武士たちの勤め方はどんなものであったろうか。「御屋形日記」解読グループの読み合わせ会で、一同呆気にとられた記事があった。元禄十三年（一七〇〇）四月二十二日付のもので、概略を次に記す。

翌月の沖島警備責任者を石井太郎右衛門が命じられたが（沖島は現・長崎市伊王島町）、女房実母の病気重篤を理由に断ってきた。代役を指名された今村弥二郎が「書述《かきのべ》を以て御断り申上」げたので、副嶋柳左衛門、または田中吉左衛門のどちらかと仰せ付けがあった。それに対し柳左衛門は「病気の由申分《もうしわけ》」られ、吉左衛門も「腫物気の由、馬よりなど罷り越す儀相叶わず由、手紙を以て申分《もうしわけ》」られた、というものである。

「申分《もうしわけ》」は、日記の他の部分でも時々出てくるが、「理由を付けて断る」場面でよく使われており、ここでも同義であろう。要するに指名された四人（多久では上士クラス）がすべて出張を断ったのである。沖島警備は正保元年（一六四四）以来、多久家・武雄家が交代で担当する軍役であった。その後の日記に関連記事は見当たらないので、結果的には適当な代役が派遣されたと思われるが、多久家の上級家臣四人が揃って軍役の公務出張を断るとは、組織の指揮命令遂行体制としては、大いに問題のある状況である。

領主多久茂文は、それを早くから問題視していた。これより五年前、元禄八年（一六九五）二月、茂文が出した「家中の者共へ申渡手頭《てがしら》」という訓示がある。手頭《てがしら》というのは箇条書きの書状である。冒頭「只今おい立候若者共、何れも奉公方の心懸・侍家業の嗜《たしな》み、大形《おおかた》に相見へ候」という。大形《おおかた》というのは佐賀ことばでは「疎略、いいかげん」なことを意味する。茂文は、最近の悪弊の例として「奉公方の儀、佐嘉・多久役の者共より申し付け候節、申分《もうしわけ》勝ちにこれ有る由」という。最近の若い侍たちが職務に対する自覚に乏しく、役職の者からの指示・命令に従わないのは問題だとして、改めなければ跡目の相続を許さず知行を減じ、改易を含む厳重処分する、と強硬な意思表示をしている。しかし実態は、指示命令に従わないのは若者たちだけではなく、上級家臣にまで及んでいたのである。若い領主茂文の悩みは深かったに違いない。

ただ、こうした現状への深い憂慮が、茂文の心中に学問による領民教化への信念を育て、儒教教育の推進力となったのではないか、と私は考えている。

それではこの時期、多久の武士たちは規律が緩み、無為の日々を送っていたのであろうか。
それは違う。彼らには別の戦いが待っていた。

事務官僚化する武士たち

先述の沖嶋警備出張を「病気の由申分」して断った副嶋柳左衛門という武士がいる。彼の名で提出された「水江臣記」の由緒書には、「某先祖副嶋佐渡儀、天理様多久御入城の節、御供七拾五人の内に召し連れられ候」とあり、先祖は龍造寺長信譜代の臣として「高麗御陣」そのほかの戦役に従軍したことを書いている。

「御屋形日記」に、この柳左衛門自筆の業務日記が一冊あった。沖嶋行きを断った翌年、元禄十四年（一七〇一）三月朔日から四月二十八日までのものである。全三六〇ページ、一日平均六ページ強。個性ある字が一ページ当たり九〜一〇行書かれている。手書きでありながら訂正・抹消は非常に少なく、文字は読みづらくはあるが文章はほぼ首尾一貫し、相当な能吏であったことが窺われる。

この頃の柳左衛門の役職は佐賀の多久家屋敷（当時、多久領主は佐賀城内の多久屋敷に居住）からの指示事項を多久領内へ伝達し、実施状況を管理し、結果を報告する多久在勤の現地責任者「会所役」であったと思われる。

能吏ぶりは彼が処理した事務量を見ればわかる。一日分で二〇ページ近い記事がある三月十一日を見てみよう。

この日、彼は、佐賀の多久家屋敷連絡担当役の野田忠右衛門宛に三通の手紙を書いた。一通目には、佐賀から指名された五名へ仕事の割付を伝達し承諾させたこと、以前指示された事案三件の進行状況を報告している。報告するためには、指示された事案の実行処理を命じ、その経過を確認しなければならない。二通目には、多久領住民の弥市母子が有田皿山へ移住する案件について、転出入双方の応酬書面二通を全文書き写し、自分の報告文を書いている。三通目には、多久領を所払いされた西岡某の扱いで小城円通寺と行き違いがあり、相浦市右衛門らが交渉していたが、その状況報告の全文を書き写し、自分の報告文を付ける。書面の写しだけで一八ページある。また、佐賀から指名された五人へ仕事の割付を伝達し、継続案件三件の報告を受け、まとめる作業もあった。すべて手書き・手作業で行われ、伝達方法は飛脚・徒歩に限られていた。

柳左衛門だけが忙しかったわけではない。同じ時期、新郷又右衛門は納所（現・多久市東多久町）潮土井見分、椛嶋村（現・武雄市北方町）水道見分、唐津藩との境目（現・唐津市厳木町）

見分を併行処理しており、杉岳山大聖寺（現・武雄市北方町）の後継住職問題の解決も託されていた。相浦覚進は代官として、牛津の砥川（現・小城市牛津町）石工が嶋原（現・長崎県島原市）で牛殺しをした一件の後始末に追われながら、家老多久権兵衛への新知行地確認、多久領の住人と多久領外の者との婚姻や養子縁組三件を併行して処理している。

しかし、いかに繁忙でも処理の遺漏や遅滞は許されなかった。柳左衛門にも手抜かりはあったらしく、同時期に佐賀の多久家屋敷で書かれた日記の三月二十日付記事によると、柳左衛門は「佐賀から指示された事項を適切に伝達しなかったり、結果報告が洩れたものがあった」として、家老の多久権兵衛殿から咎めを受けている。今回は自分限りに留めるが、以後同様のことがあれば領主へ報告し厳しく責任追及すると、厳しい叱責である。柳左衛門にとっては、命を懸けた戦場と同じく、つねに的確な判断と果断な処置・実行が求められ、失敗は将来を危うくするものであった。

『葉隠』の聞書第二に「公界と寝間の内、虎口前と畳の上、二つになり、俄に作り立つる故、間に合はぬなり、只常々にある事なり。畳の上にて武勇の顕るゝ者ならでは、虎口へも選び出されず」（栗原本二七七項）とある。「虎口前」とは戦場のことである。畳の上で武勇があらわれる者でなければ戦場へも選び出されない、と言っている。すでにこの時期、戦場の武勇で主君の御用に立つ時代は遠くなり、畳の上の奉公で主君の御用に立つべき時代が到来していた。副嶋柳左衛門の自筆日記は、その実態の一部を示してくれる。ただ、そのような時代の転換を、柳左衛門など多久の武士たちがどのように受けとめていたか、これは大変興味あるテーマである。

なお、「水江臣記」と「家中の者共へ申渡手頭」については、細川章氏からご教示をいただいた。

（平成二十四年七月）

弱者に寄り添う「慈悲」

『葉隠』四誓願の第四項に「大慈悲を起し人の為になるべき事」がある。四誓願の成立については、山本常朝が儒道の師石田一鼎の『要鑑抄』にある三誓願をもとに湛然和尚の教えによる慈悲の項を加えた、というのが定説となっている。

「慈悲」という仏教用語の意味は、「仏・菩薩が衆生をあわれみ、いつくしむ心」（広辞苑）とされる。もともと戦闘を業務とする職能集団であった武士たちに、新しい徳目として「慈悲」が求められるようになったということは、泰平の時代が続く中で、武士が一般民衆を支配統治する役割を自覚し通念化するに至ったことの反映でもあろう。しかし、なぜ武士に「慈悲」が必要なのか、どのような行動をすればよいのかという問題は結構難問である。

常朝が考える「慈悲」

常朝自身は「慈悲」についてどう考えていたのであろうか。その真意らしきものが養子権之丞に与えた『愚見集』の中に見える。常朝は「慈悲」の必要性について次のように説く。

「…昔より武勇一偏の家は運が続かぬ故、上下共に滅亡するなり。然れば運の強き様には何とするぞと云ふに、慈悲に極まるなり。慈悲心が即ち運をつゞくるなり。（中略）其の時は武運強く、子孫も繁昌し、家も連続する由…」という。

また、どのように行動すればよいかということについては、

「…人の為のよき様にとするより外なし。善事は人にゆづり、人の科は我が身にかぶる程に心を持つべし。親疎を分くべからず。（中略）此の心を以て百姓以下畜類迄に推しひろむべし…」と諭している。

良いことは他人に譲り他人の過ちを自分に引き受けるなど、「慈悲」の意味が「利他心」と同義的表現で説かれており、凡人にはなかなか到達できない境地ではあるが、警句としては一定の訴求力を持っている。

気になるのは、なぜ「百姓以下畜類」まで「慈悲」を施さなければならないのかという理由について、「武勇一偏の家は運が続かぬ」ので、それを避けるために必要という論理になっており、「慈悲」は武士が自分の家を永続させるために下々の者に施す便宜的方策のようにも聞こえることである。あたかも、強者である武士がその優越的地位を守るために、「百姓

以下畜類」と表現される弱い立場の被支配層に恵む恩恵であるかのようである。「慈悲」を与えられる弱者の立場へ目配りした記述が見当たらないのも気になる。

『葉隠』の中の「慈悲」

『葉隠』聞書第一から聞書第十一までに収録された多くの説話の中で「慈悲」はどのように扱われているか調べてみた。池田賢士郎編『校注四書・葉隠索引』が大変役にたった。この索引は、四書（栗原本・岩波文庫本・城島本・日本思想史大系本）のすべてを網羅し、見出し語についても「慈悲」と「慈悲心」、「慈悲門」を分けて掲出するなど周到な編集がなされている。ここでは栗原本を参照した。

同書により検索した「慈悲」を含む説話は十六話あるが、その中で使われている「慈悲」という語の意味するものは、必ずしも一義的ではない。例えば、栗原本一―一三項「追腹禁止は残念、御慈悲過ぎては奉公人の為にならない」というときの「慈悲」は「情け深い」の意であろうし、同三―一項「人を悪むは慈悲なき故、慈悲門に括り込めば衝突もない」というときの「慈悲」は「寛容」の意味であろう。

また、同三―二項「親しい人に悪事があるときは密かに忠告し、世間にはうまく取りなしてやる」慈悲のありかたは「思いやり、親切」という意味が近い。十六話全体としては「寛容」、または「情け深い」が多数派である。

『葉隠』に記される「慈悲」の意味が「寛容」「情け深い」「親切」「思いやり」などを指すものであるらしいことは分かったが、これらは単に「日ごろの心がけ」の抽象的例示にとどまっており、具体的にどのような施策や行動を行うべきかについては分からない。前に引用した「慈悲が過ぎては奉公人の為にならない」と、「慈悲」を否定するかのような説話もあり、解釈はなかなか難しい。また、『葉隠』にいう「慈悲」は強者・優越者である武士層の「上から目線」による考え方が記述されてはいるものの、慈悲をうける弱者・被支配者側の実情を知ることはできない。

このようなことから、この時代の弱者・被支配者に対する実態としての「慈悲」のありようを知りたいと思っていたが、最近、「御屋形日記」の中に、現代の人権意識を体現しているかのような珍しい記事を発見した。

「御屋形日記」にある「慈悲」の事例

珍しい事例というのは次のようなことである（原文を意訳、以下同じ）。

（元禄十四年二月廿六日付）

科人《とがにん》として座敷牢に入れられている松瀬村の宗之允の病気がひどくなった、と代官の相浦覚進から多久会所の瀬田清左衛門へ来た通報がこちら（多久家佐賀屋敷）へ伝達され、家老の外記殿へ報告したところ、「入牢者への心遣い不十分なため病死などしたらよくない。急いで薬を処方するように。医者は於保宗玄か於保玄庵か誰かを派遣するように」と指示があった。於保宗玄が行って容態を見たところ、以前の頭部打撲と湿潤な環境によるものと思われるが、相当重篤な状態であり薬を調合して与え、持っていた人参（朝鮮人参）を瀬戸口利兵衛に渡して帰った、と報告があった。外記殿から「油断なく心遣いするように」と指示があり、（多久にいる）代官相浦覚進へ「関係先へよく伝えるように」と返事した。

わざわざ多久家のお抱え医師於保宗玄を派遣し高価な朝鮮人参を与えるなど、病気の犯罪人に対し実に手厚い看護ぶりである。しかも、これには後日の続きもある。

（元禄十四年四月十六日付）（多久から佐賀への手紙の写）

松瀬村宗之允の母親から、「かやを引かせてください」と下代（代官の下役）へ陳情があった旨、（代官の）相浦覚進からこちら（多久会所）へ相談がありました。これも佐賀屋敷へお伺いし判断を仰ぐべき事案と思いますので、覚進から来た手紙を見ていただくよう送ります。恐惶謹言

卯月十六日　　　　瀬田清左衛門

田上新右衛門様

瀬田清左衛門は多久会所の責任者である会所役、田上新右衛門は多久家佐賀屋敷の連絡担当役である。二か月前の於保宗玄の手厚い処置のおかげで、宗之允はいくらか回復したらしい。新暦では五月下旬、低湿地で蚊も多かったのであろう。原文では「かやを引せ申度」とあり、「蚊帳をください」の意味なのか、「入牢者である科人《とがにん》に手持ちの蚊帳を引いてもいいか」の意味なのか、よく分からないが、たぶん後者であろう。

これに対し、早速翌日に佐賀からの返事があり、会所役瀬田清左衛門→代官相浦覚進へ指示伝達されたらしいが、佐賀屋敷から指示された処置内容の心遣いの細やかさに驚く。

（元禄十四年四月十八日付）（多久から佐賀への手紙の写、関係部分のみ）

昨日送っていただいた返事の手紙拝見しました。（中略）松瀬村宗之允のかや引きの件については、差し支えないが首をくびるようなことがないように、釣り手は紙こよりなどにするようにとの指示を、（代官の）覚進へ伝えました。（中略）恐惶謹言

卯月十八日　　瀬田清左衛門

田上新右衛門様

蚊帳の釣り手を使って自殺したりすることがないよう、釣り手を「紙こより」にせよと細心の注意である。ここまで気を遣わなければならない宗之允という人物は、多久にとって相当な重要人物ではないかと思われるかもしれないが、じつは普通の村民で、喧嘩の末に人を殺し座敷牢に入れられたというものである。これより半年前の次の記事がある。

（元禄十三年八月廿日付）

松瀬村清五左衛門と宗之允が念仏講の酒の席で喧嘩の末、宗之允が清五左衛門の女房を殺害した。（中略）宗之允は強力の者で喧嘩の相手も村にいるので放囚人（身柄拘束しな

い囚人）とするわけにはいかないので座敷牢に入れ監視するように（後略）

人を殺し凶暴性があるので座敷牢に入れられたというのであるが、なぜこのような犯罪人に特別な配慮がなされるのか不思議である。犯罪の取り扱いについて、とくに気を遣う必要があったのであろうか。

それに関連し同じ頃、気の狂った犯罪人に対して特別な配慮がなされた事例が別にある。この事件の経過についての記事は、通算約四〇ページにも及ぶ大量のものであるが、事件の概略は次のようなことである。

と　き　元禄十四年二月
ところ　嶋原領隈田村（現・長崎県南島原市西有家町）
当事者　多久領砥川谷村の石工新兵衛
事件概要　新兵衛は同村石工仲間の貞右衛門・津右衛門・半左衛門と四人で二月四日から嶋原領隈田村へ石細工の仕事に来ていたが、七日、突然発狂し脇差を持ち出して隣村の安之允という人の牛を切り殺し行方をくらました。地元の協力を得て探索し翌日夕方捕らえ仲間三人で谷村へ連れ戻した。

単なる家畜の殺害事件であるが、当時はきびしい生類憐み令の規制下であり、他国領で発生したということもあり、事件が大袈裟にならないよう佐賀本藩の請役所も抱き込んで、もみ消しに奔走した状況が克明に記録されている。

その中で、関係者四人が本藩の事情聴取に呼ばれたとき、乱心者新兵衛の扱いについて、多久家家老の外記殿が本藩請役所の役人へ、「新兵衛は乱心状態だが連行するとき縄下（縄で縛る）にすべきか」と問い合わせたところ、本藩からは「それには及ばず」と回答があったので縄下にはしなかった、という記事がある。

注目すべきは、多久家家老の外記殿が狂気の犯罪人の取り扱いについていち早く本藩役人へ問い合わせをしたり、座敷牢の宗之允の病気について手厚い看護を指示したりしていることである。また、多久領代官の相浦覚進も、宗之允の病状などを逐一報告し指示を仰いでいる。これらのことは、犯罪人の取り扱いについて特段の配慮をする必要があるという問題意識を、当時の関係者が共有していたことを窺わせる。現代の人権意識に近い。

ただ、この問題意識が、この人たちに自発的に醸成されたものであるかについては疑問がある。それは、外記殿が宗之允の看護を指示したときの発言を原文で読むと、「不心遣いの末病死などこれありては、よろしからず儀候条、急度薬など用いさせ候様…」となっており、なんとなく外圧による不作為の失策追求を恐れているような気配が感じられるからである。

当時の生類憐み政策には入牢者の待遇改善も含まれていたという研究（根崎光男『生類憐みの世界』）もあることから、幕府布令として入牢者に対する特段の配慮が指示されていたことも推察される。幕令違反は不忠とされ改易の先例もあった。本藩を含めて神経過敏になるのも無理はない。外記殿など関係者には、牛殺し事件のあった嶋原で三二年前に、悪政を理由に高力家が改易させられた記憶がよみがえったかもしれない。

たとえ上からの指示であったとしても、当時このような弱者の立場に配慮した施策が行われ、それが地域の末端まで浸透していたことは特筆すべき事例であると思う。また評判の悪い徳川綱吉の生類憐み令についてプラス評価すべき一面でもあろう。

隣人愛互助の「慈悲」

前記二例は、必ずしも自発的発意の「慈悲」ではなかったかもしれないが、地域には少数ながら自発的隣人愛に発端する「慈悲」の事例があった。

（元禄四年八月二十五日付）

笹川《ささがわ》伊兵衛は昨秋から北方三村の下代（代官の下役）に任命されていたが、特段に職務に精励し、ことに今春、飢えて困窮している大崎村の百姓に自分の金を支出して助けてやった、と代官福地九兵衛から報告があった（後略）。


（元禄十三年九月十二日付）

石井彦左衛門与《くみ》北方村牛嶋市左衛門は、同村に生活困窮者がいたので米一俵ばかりを与えて救ってやった。

田上新右衛門与《くみ》波佐間村黒岩只右衛門は、同村に生活困窮者がいたので米一俵ばかりを与え救ってやった。

今村弥次郎与《くみ》谷口覺兵衛は、西山村に生活困窮者がいたので米一石ばかり与え救ってやった。

右のとおり貧窮者を救済した事例が御目付方から報告された。特段にすぐれた志である。三人の者は自分がそれほど困窮者でないので少しばかり分け与えてやったのであろうが、困窮者を助けてやった心遣いは大変結構なことである。（後略）

「御屋形日記」の筆者は三人の善行者について「自分に余裕がある」かのような書き方をしているが、彼らは「〇〇与《くみ》」で示されるように、組頭の配下に所属する下級武士である。多久領武士の石高を弘化三年（一八四六）の名簿でみると、一〇石未満の武士が約六割を占めており零細武士ばかりである。三人は与付《くみつき》であるから足軽クラスであったかもしれず、それほどの余裕があるはずはない。篠川《ささがわ》伊兵衛も、この記事の時点での身分は職人（大工職）で、三年後の元禄七年に侍に任用され（「御屋形日記」元禄七年八月、日付不明記事、石高不明）されている下級武士である。元禄三年五月に本藩で切米二五石を仰せ付けられ、同十二年九月には本切米合知行一二五石まで栄進した山本常朝には及ぶべくもない身上であった。

そのような当時の多久領の零細武士たちが、弱者の立場に寄り添いながら実行した、乏しきを分かち合い助け合う「互助」の行為こそ、「衆生をいつくしみ、あわれむ」という仏教用語「慈悲」の解釈に一番近いような気がする。また、そのような広く心豊かな先人を育んだ多久という地域を誇りたい気もする。

（平成二十七年七月）

女たちの立身

鳥巣甚右衛門の妻と娘

栗原荒野編著『校註葉隠』（以下、栗原本と略記）の六八一項には、「足軽鳥巣甚右衛門、離別した妻子の縁によって侍となる」という標題が付けられている。標題だけ見ると一種の妻子献上譚かと思わせるが、そうではない。本文は次のようである。

鳥巣甚右衛門は土肥進士之允組足軽にて候。女房に娘一人附け離別いたし候。右女房、母子共にお春様御側に御奉公に罷登り候。娘は光茂公召使はれ、後に岡部權之助女房に召成され候。その節実父甚右衛門侍に召成され候。母は野口新右衛門女房に召成され候。新右衛門後の女房にて候。男一人出生候を、光茂公御卒去の節玉林寺に出家になし、その身も尼に成り申され候なり。

足軽であった鳥巣甚右衛門は、女房と娘を離別してお春様（藩主鍋島光茂の四女）のお側へ奉公に出したが、娘は光茂の側に召仕え後に岡部權之助の妻となった。甚右衛門は侍に取り立てられた。また、元女房は野口新右衛門の後妻となり一男を得たが、光茂逝去に伴いその子を玉林寺へ出家させ、自分も尼になった、というものである。

鳥巣甚右衛門、野口新右衛門が実在人物であったことは、「元禄八年着到」（鍋331－90）で確認できる。「鳥巣甚右衛門　物成二〇石、野口新右衛門　物成百石」とある。また、元禄十五年四月付の「岡部権之助親族帳」（鍋241－46）には妻として「鍋嶋壽芳養女鍋嶋官左衛門与実鳥巣甚右衛門娘」の記載がある。岡部権之助は佐賀藩の重臣である。養女として家格を整え縁組みしたのであろう。この話は伝説ではなく、まぎれもない実話であった。ただ、鳥巣甚右衛門が足軽から侍に取り立てられた理由が、妻子を奉公に出したことによるものかどうかについては疑問がある。

幕末期に枝吉神陽らによって編纂された『葉隠』の詳細かつ実証的な考証書『葉隠聞書校補』（『佐賀県近世史料』第八編第一巻）に、鳥巣甚右衛門についての考証記事があるので原文を引用する。

鳥巣甚右衛門恵久、父三郎兵衛賢永と云、鍋島安藝守（深堀・茂賢）家来ニ而、有馬出陣戦功白銀拾枚拝領、後安藝守次男主馬允直賢分地之時直賢家来と成、恵久貞享三年六月廿三日侍に昇進、物成弐拾石被下之、此間足軽ニ被召成候儀未詳、（後略）

深堀領の家臣であった鳥巣家は、甚右衛門の父の代、島原の乱の戦功で銀一〇枚（銀四三〇匁＝金換算約七両）の褒賞を受けたことがある。甚右衛門も二〇石取りの侍になっていたが、足軽になった事情はよくわからない、という。極端な読み方をすれば、元侍の既得権回復の話とも読める。同書では、娘の方のややくわしい経歴も追跡されている。

同娘、市姫様（光茂女）御産母也、後鍋島玄蕃常範妻ニ被仰付、後離別と千葉系図ニ見ゆ、本文并岡部・鳥巣系図ニ岡部権之助重師妻と有ハ、千葉より離縁之後なるべし。

「鍋島御系図」（鍋111－2）で確かめると、産母の名は記載されていないが、「市／貞享二年乙丑九月廿八日出生／元禄十年丁丑九月五日卒行年十三歳／清楓院秋岳月影禅童女」とある。また、「御霊簿」（鍋116－2）には、清楓院（於市様）の産母を「御妾腹鳥巣甚右衛門女於トモ」と記している。鳥巣甚右衛門の娘の名は於トモで、光茂の寵をうけ一女をなしたが、その後二度にわたる「拝領妻」の運命をたどったことがわかる。

私は、この挿話は、もともと深堀領の侍であり一時足軽になっていた甚右衛門が本藩の侍に取り立てられた、という部分よりも、藩主の子女のお側に仕え、その後「拝領妻」としての運命をたどった女たちの方に視点を置いて読むべきではないかと思う。

とくに、鳥巣甚右衛門の元女房とその娘は、ある時点で藩主光茂身辺の後宮組織（閨房育児セクション）の中に取り込まれ、現代の眼でみれば苛酷な運命をたどったにもかかわらず、甚右衛門元女房はそれを重い恩義と感じ、光茂の死に対して自ら尼となり一男まで出家させている。この思い入れは尋常なものではない。彼女が殉死にも等しい出家の道を選ぶほどの重恩とは何だったのか知りたいと思う。

多久領納所村百姓茂右衛門の妻と娘

多久古文書学校では今、昨年（平成二十六年）発行の『佐賀藩多久領御屋形日記』第三巻に続き第四巻の編集作業を行っている。そのなかで、この話の状況に酷似した事例の記事があった。お春様よりも一五年後に生まれた於光様（鍋島光茂十女）に「おさし」（乳母役の職名）として仕える多久領納所村（現・多久市東多久町）百姓茂右衛門の女房と娘が、宮仕え奉公の道を選び故郷を離れて江戸へ行く話である。当時は女性にかぎらず、領民が他国へ出て行くことは簡単なことではなかった。多久領役所としては前例のない出来事でもあり相当戸惑ったようで、発端から決着まで三か月かかっている。当時の役所仕事の実情を知ってもらうため原文の読み下し文を分割して紹介する。

（元禄六年十月五日付　刊行本第四巻一四〇～一四一ページ）

納所村百姓茂右衛門と申者女房、此跡より於光様おさしに罷り出居り申候、彼の女子、今度於光様江戸御登りに付き、御供に召し連れらるべき由仰せ出され候付いて、右梅かゑ、御断り申し上げ候は、老母これ有り、殊に幼少の娘持ち居り候、然は、右を打ち捨て遠国ニ罷り登る儀、迷惑に存じ奉る由御断り申し上げ候末、母儀は、一門共心遣い仕り相澄むべき儀に候、娘儀は、於光様御末、小々姓召し連れらるべき由仰せ出され候通り、茂右衛門女房梅か枝、酉七月十八日、納所へ自由致し候節噂仕り候

納所村の茂右衛門女房は、於光様の「おさし」として奉公していたが、今度於光様の江戸

行きにお供せよといわれた。梅かゑ（茂右衛門女房の奉公先の呼び名）は、自分には老母や幼少の娘もおり打ち捨てて遠国へ行くことはできないと断ったが、（奉公先から）母のことは一門（家族・親類）に頼めばよい。娘は於光様の小々姓にしてやるといわれた、と七月十八日に休暇を得て実家帰りしたとき話をした。

これにより、代官中西孫兵衛迄申し通し候段、田中吉左衛門より申し越され、権兵衛殿へ申し達し候処、女子受け申したる儀に候えば、実子に候哉、彼の娘、殿様御存じ遊ばされ候首尾、何の筋よりにて候哉、縁になと付たる者にてはこれ無き哉、否や、いよいよ承合い申し越され候様にとこれ有り、孫兵衛・吉左衛門より承合い仕られ候、彼の娘儀は、茂右衛門女房御内に罷り居り候付、此跡御城へも罷り出御存じ遊ばされ候、当年十一才に罷り成り、縁組み迚もこれ無き由、最前申し候通り相違御座無き段申し候

この話を聞いた多久在地の代官中西孫兵衛と会所役の田中吉左衛門は、早速佐賀城内の多久屋敷にいる家老の多久権兵衛殿へ相談する。権兵衛殿は、その子は実子なのか、殿様（光茂）はご存じなのか、縁組みはないか、など話の真偽をよく確かめるように指示する。その

調査結果として、娘は茂右衛門女房の実子で同居しており、お城へも同行するので殿様もご存じである。当年十一歳で縁組みはない、と返事があった。

そこで再度、茂右衛門へ確認した上で本藩の関係筋へ事実確認に動くことになる。記事が七月の発端から約三か月経過して書かれているのは、こうした各段階での確認に時間を要したことを物語っている。

（中略）九月廿八日晩、飛脚差し立て茂右衛門召し寄せ、吉岡式部左衛門様子承り候処、前に書き載せの通り相違これ無く候付いて、御内心遣い中野勘解由殿へ、本庄源太左衛門仰せ付けらる御口上

私領納所村へ罷り居り候茂右衛門と申す者女房・娘、於光様小々姓分にて江戸召し連れらるべき由仰せ出されたる由、彼の女宿元罷り越し候節噂仕り候、女子受け申し候儀にて、実正相い知れず儀に候へ共、分明の儀に御座候哉、誰そより前を以て此方迄仰せ聞かさる儀に候哉の旨、御聞き合せ御座候処、勘解由殿にも得と様子御存じこれ無く候条、御内心遣迄御聞き合せ仰せらるべき由候

九月二十八日の晩に、急きょ納所の茂右衛門を呼び出して多久領役人の吉岡式部左衛門が念押しをしたところ、間違いないというので、佐賀本藩の中野勘解由殿へ多久の本庄源太左衛門が次のような問い合わせをした。

「多久領納所村の茂右衛門という者の女房と娘が、於光姫様の小々姓として江戸へお供することになっていると、女房が里帰りしたときに話したらしいのですが、本当なのでしょうか。前もって正式なおしらせが来るのでしょうか」

それに対し勘解由殿もよくご存じない模様で、担当係の方へ聞いてみるとのことであった。

翌日、勘解由殿から本庄源太左衛門へ来た返事の内容と、多久側の動きは次のようなものであった。

茂右衛門妻と娘の江戸行き決まる

其の翌日、源太左衛門迄手紙を以て申し来り候は、勝や五郎右衛門迄右の様子御聞き合候処、此方より仰せられ候如く、茂右衛門女房江戸御供御断に付、梅かゑ娘下小々姓に召し連れらるべき由仰せ出され候条、左様御心得然るべき由に付、御前へ仰せ上げられ候、右の通り御用にて召し出さる儀に候へば、罷り出然るべき由仰せ出られ候、これに

より、筋々へ右の段相達すべき由、権兵衛殿仰せにより田中吉左衛門迄申越し、彼方より中西孫兵衛に相達し申さる首尾に候事

その翌日、返事が来た。「担当の勝屋五郎右衛門へ問い合わせたところ、多久からのお話のとおり、茂右衛門女房が江戸行きに難色を示したので、娘を下小々姓にして連れて行くことになった。承知されたい」とのことだったので、御前（領主多久茂文）へ伺ったところ、「本藩の御用で連れて行かれるのであれば、その通りにしなさい」と指示があった。家老の権兵衛殿から多久会所役の田中吉左衛門へ申し達し、多久代官の中西孫兵衛へその旨連絡することになった。

茂右衛門妻は於光様の「おさし」として、また娘は「下小々姓」として江戸へ行くことが決まった。『日本国語大辞典』によれば、「小小姓」とは「まだ元服していない年若い小姓」とある。十一歳の少女に与えられた「下小々姓」という役が具体的にどういうものかわからないが、結果的にこの時点で於光様と茂右衛門娘との間に一種の主従関係が認定されたということであろう。母と娘は於光様の従者として江戸へお供する義務を課せられたのである。

このとき於光様は数え年二十三歳であるが、この二年後の元禄八年八月には、次代佐賀藩主鍋島綱茂の養女となって越後村上藩の榊原式部太輔政邦へ嫁ぐ。その経過については、「綱茂公御年譜　上」（『佐賀県近世史料』第一編第三巻）元禄八年の部に次の記事がある。

五月十六日、公御妹於光様佐嘉御発輿、御供鍋島市兵衛 須古
八月十二日、榊原式部太輔様へ御婚姻、公養女ニテ（後略）

五月に佐賀を発ち、江戸屋敷で準備を整えて八月に婚儀が行われたものであろう。すでに早い時期から於光様婚姻のことは決まっており、そのためお供する人物の選考が二年前から行われていたと思われる。

女たちの立身

茂右衛門女房は、主命とはいえ、娘を於光様お側へ仕えさせる望みが実現したことをもって夫や老母と離別し、故郷を捨てる決心をした。それらを捨ててまで手に入れたかったものは何であったろうか。

鳥巣甚右衛門女房の場合も、後宮組織の中に取り込まれる経過は同じような状況ではなかったかと思われる。野口新右衛門への再嫁も主命によるものであったろう。ただ、光茂の死後、殉死に等しい行動を取らせるほどの恩義を感じさせたものは何であったろうか。

私は、その理由は、当時の女性たちが男中心の武家社会の支配組織の中で、個人の人格を認められ地位を確立できたこと—当時のことばでいえば「立身」が実現できたことにあったと考えている。

「立身」は現代では、「立身出世」という複合語として「社会的に高い地位について有名になること」の意味で使われるが、『葉隠』の中で「立身」は、「若き内に立身して御用に立つはのうぢなきものなり」（栗原本一二七項）、「御出家方にても四十より内の立身無用に候」（同一七一項）などのように、「独り立ちすること」、「能力を認められてふさわしい地位につくこと」の意味で使われている。

当時の武家社会において女性たちは、常に「〇〇女房」「△△女（娘）」などと記録されるように、男性の付属物的な扱いをされていた。当時の支配組織の中で、女性が独立した人格として職能的に代替性のない自分の能力を発揮できたのは、おそらく後宮組織（閨房育児セクション）に限られていたといえる。その後宮組織の中で茂右衛門女房は、十一歳の娘に「下小々姓」という職位を確保することができた。娘の「立身」が約束されたのである。おそらく、それを動機として茂右衛門女房は夫や老母と離別し故郷を捨てる決心をしたのであろう。

家系図の中の「拝領妻」

鳥巣甚右衛門元妻やその娘がたどった「拝領妻」についても考えてみたい。私は、「拝領妻」も、非常に屈折した形ながら当時の武家社会の女性にとって「立身」の一つの類型であったと考える。

細川章著作集『佐賀藩多久領古文書に見る地域の人々』（文献出版）に「拝領妻の娘」という一文がある。明和八年（一七七一）十一月六日の記事が主題で、概要は、多久七代領主茂堯から妊娠した側女を「拝領妻」として受けた家が、「内證差支」のためご落胤である女子の十分な養育もできないので、領主家に引き取ってもらうか金銭的援助をお願いしたい、と要望して断られるというものである。

その考察文中、後代に作成された同家の家系図の中で、「拝領妻」該当箇所に、「鳳山様侍女」とわざわざ書き込まれていた、というのが気になった。細川氏は「こうしてわざわざ記載するほど拝領妻とは誇らしいものだったのでしょうか」と感想を記しておられるが、最近見ることができた多久領家臣系図にも同じ事例があった。

仮にA家系図としておくが、妻女の拝領は多久二代領主茂辰（一六〇八〜一六六九）在世中のことであるらしく「…別而御懇ニ召仕ル、御刀拝領于今《いまに》伝之、且御内被召仕候女中ヲ妻ニ被下…」と書き込みがある。要旨は、「茂辰様からご厚情を受け、いただいた刀は家伝のものとして今も残っている。それにお側に召仕えていた女中を妻に賜った」というのである。家系図の作成時期は文化九年（一八一二）で、五代のちの末裔によってよって作られている。約一五〇年後の子孫にとって、先祖に「拝領妻」をもつことは名誉なことであったと思われる。

公式記録として提出を義務づけられていた家系図に、「拝領妻」の記録が誇らしげに記載されるということは、家・家系の永続を至上のものとしていた当時の武家社会において、「拝領妻」は肩身の狭いものではなく、むしろ優位性を誇示する差別化要因として機能していたことを窺わせる。女たちは「拝領妻」という権力に操られる受動的立場ながら「立身」を実現していた。

鳥巣甚右衛門元女房も、娘のことも含めて「拝領妻」の地位に安住の居場所を見いだし、「立身」を遂げたことに満足し感謝していたのではなかろうか。そうでなければ、光茂の死に対し出家という過激な行動に走った心情は理解できない。

権力者が家臣に妻を下賜する「拝領妻」というやりかたを現代の眼でみれば、女性の人格・心情を無視して物品同様の扱いをする人権蹂躙そのものである。しかし、当時の鳥巣甚右衛門元女房の行動などを考えるとき、当時の男中心の武家社会を支配していた特異な思考・心情の構造を解明するとともに、その体制下で女性たちがいかに自己を発現し「立身」を遂げていったかを追跡することは大きな課題であると考える。

（平成二十八年二月）

パラダイムシフト時代の武士たち（一）

『葉隠研究』73号掲載の拙稿「多久家文書にみる『葉隠』の武士たち」（以下前稿と略記）を読んだ東海地方に住む旧友から、「名古屋の『元禄御畳奉行』みたいな話はないのかね」という質問を受けた。

真意は、三〇年ほど前にベストセラーになった神坂次郎氏の名著『元禄御畳奉行の日記』の中で、主人公の朝日文左衛門（神坂氏著作の種本『鸚鵡籠中記』の筆者で、尾張藩御畳奉行）が、畳買い付けのため名古屋から京都へ公務出張し、業者招待で芝居や名所見物、茶屋遊びなど過分の供応を受けた事例を指していることはすぐにわかった。約二カ月間（元禄十四年（一七〇二）四月～六月）の出張期間中、文左衛門が処理した実務は、畳八一三帖を買い付け江戸送りしたというたったの一件だけ。実質は、遊興旅行そのものという眉をひそめるような行状である。「多久にはそんな不真面目な武士はいないよ」と答えておいた。

しかし、ほとんど同じ時期に、多久「御屋形日記」の中には、多久家の家老を含む上士たちが、佐賀藩主のお側周辺にいるらしい二人連れに酒食の供応を求められ、あたふたする出来事があった。今のことばでいえば「官官接待」ということになろうか、組織内接待の強要である。

供応を求められた多久の上士

多久の武士は真面目でも、佐賀本藩の中には「たかり根性」を持った者がいた。発端となった「御屋形日記」の記事は次のようである（原文を意訳、括弧内は筆者註）。

（元禄十四年四月十二日付）

中溝軍右衛門と小与目付安本内藏允という二人連れが、昨晩、多久町別当のところへ来て「今朝伊万里の桃川を発って佐賀へ帰る途中だが、地域の元締めをする役人に会いたい」といった。代官の相浦覚進が対応したところ「御姫様の乳母やお付き女中を探す御用を仰せつかって西目（杵島郡・松浦郡）へ行き帰る途中である。本来なら田中吉左衛門（多久家佐賀屋敷の役人）へ届けるべきであったが、特別な御用でもあり、急いでいたのでそのまま来た」ということであった。木下忠左衛門（多久会所の相談役）へ相談して、

酒やあり合わせの料理を出し、相浦覚進と大塚弥八左衛門の二人でお相手をした。（中略）

ところが、これだけでは済まなかった。相手は「酌取り恰合《かっこう》を出シ候へかし之様ニ被申候」（お酌の女はいないのかね）と言い出したのである。これは難題である。覚進がそっと抜け出し、たまたま別用で多久へ来ていた家老の権兵衛殿へ対応策を伺いに行った。「宜敷取合、女子共出候儀ハ何とぞ無用候様ニ、左候而、今一両人も出合取持候様ニ」（酌取り女は無理だとうまくなだめなさい。あと一人か二人増やして応対するように）との仰せであった。瀬田清左衛門（多久会所役）が新たに加わり三人でもてなした。寝酒なども用意して宿は浦谷八兵衛宅へ案内した。

（承前）今日（四月十二日のこと）は、覚進・清左衛門に藤崎神兵衛・中西番太夫も加わってお相手し、草場善左衛門宅で酒を出し昼過ぎ出発されたが、始終うきうき上機嫌であったと、副島柳左衛門から報告があり、外記殿（家老）へ届け、御前（領主多久茂文）へもお耳に入れた。

多久領あげて下にも置かぬもてなしである。中溝・安本という両人、どんな重要人物であろうかと思い調べてみた。同時代の佐賀藩侍クラス人名簿「元禄八年着到」（鍋三三一－九〇）を見たが両人とも見当たらない。佐賀県立図書館の人名データベースで検索してもでてこない。両人とも侍クラスの人物ではなさそうである。本人の口ぶりから想像すれば、藩主鍋島綱茂の近くで雑務をこなす小者（小人）的存在であったかと思われる。

身分意識の鋭敏なこの時代に、陪臣とはいえ多久では歴とした上士クラスの武士たちが、身分ランクの低い中溝・安本たちの尊大かつ非常識な言動をとがめもせず、むしろご機嫌取り的対応に終始していたこの情景は、ちょっと異様に思える。

公儀体制の浸透

しかし、その事情は、この時代すでに徳川幕府（公儀）を頂点とする幕藩体制が確立し、公儀概念による組織の上下秩序認識が末端に至るまで浸透しており、多久と本藩との関係も、その同じ秩序認識の中にあったと考えれば理解できる。すなわち、上位組織からの公務出張者は公儀意思の伝達者であるため、その接遇に疎漏があってはならなかったのである。

佐賀において、この思想は、早い時期から鍋島勝茂によって吹き込まれていた。多久家文書「肥陽旧章録」の中にその一通がある。「肥陽旧章録」は、もともとは「多久日記」とよばれ、十一世紀末から十八世紀末にいたる多久家関係の古文書・古記録を収録した編纂資料（全二七冊、原本の伝来はなく、編纂者・編纂時期とも不明）である。

勝茂書状の該当部分は次のとおりである。（同文が『佐賀県史料集成古文書編』第九巻　三三七にもある）

（「肥陽旧章録」六　佐賀大学小城文庫OC七―一―六）

一松平隠岐守殿が六月に長崎へ出張されると聞いた。長崎のことを前もって知っておかれた方がいいと思い、使者をさし向けて話しておいたが、中野又右衛門へ命じて内裏（大里、現・北九州市門司区）か小倉あたりで、隠岐守殿へ何かお役に立つことはないか、お聞きするように。

一隠岐守殿は佐賀領をお通りになるだろうから、轟木（現・鳥栖市轟木町）・寺井（現・佐賀市諸富町）で若狭（武雄領主）と美作（多久領主）がそれぞれお待ちするように。諫早を通られるようであれば豊前（諫早領主）がお世話するように。

一寺井から諫早へ渡海のため船を一四・五艘用意して、必要なだけ使ってもらうように。
荷物運びの人馬など支障がないよう申しつけること。（中略）

卯月十日　　勝茂御印

鍋島若狭殿
多久美作殿
諫早豊前殿　進之

「勝茂公譜考補」（『佐賀県近世史料』第一編第二巻）および『寛政重修諸家譜』巻五四の久松松平氏家譜の記事を参照して、この勝茂書状は、正保四年（一六四七）伊予松山の松平定行が公儀上使として長崎へ派遣されたときのものと比定できた。

勝茂は、すでに二か月前から情報をつかみ、早速、参勤途中の船中から定行へ使者を送り、国許へ対応を指示している。

松平定行を門司大里か小倉で出迎え御用聞きすること、佐賀領入り口の鳥栖轟木と長崎への乗船場所である諸富寺井では勝茂代理の上級家臣（武雄領主鍋島若狭、多久領主多久美作）が対応し、長崎側の着船場所が諫早ならば諫早領主諫早豊前が世話役を務めること、船も一四・

五艘用意せよ、荷物運搬に支障がないようにせよ、と至れり尽くせりの心遣いを三人の上級家臣へ手紙で指示している。

公儀に奉仕する佐賀の藩主としての勝茂の姿勢を明確に読み取ることができる。また、公儀の動向に気を配り、手に入れた情報について具体的対処策をいち早くマニュアル化して指示するなど。教諭型君主鍋島勝茂の面目躍如たるものがある。

この教えは佐賀藩内にしっかり浸透した。これより四四年後、元禄四年（一六九一）の「御屋形日記」に次のような記事がある。多久家佐賀屋敷にいる多久平内から多久会所役の瀬田清左衛門への指示である。

（元禄四年八月十一日付　刊行本第三巻一二八ページ）

一土井周防守殿が唐津へ御入国されるについて、殿様（佐賀藩主鍋島光茂）からの使者として堤新之允殿が任命された。時期ははっきりしないが、上下三〇数名になる模様。

（中略）　新之允殿の唐津往来、別府休泊時の接遇方法を連絡する。

一薪のこと／一馬の敷き藁、ぬか等のこと／これらは代官福地九兵衛からの心遣いであると、堤殿の家来衆へ披露してから渡すこと。

一米・塩・味噌・魚・野菜など支障がないように用意すること。多久の相場より高値にならないように。

一風呂の手桶や柄杓などは清潔にして使いやすいように。家来衆からも希望があれば応じてよい。

一鶴田一郎左衛門が多久町の世話人として御用聞きをするように。

一人や馬が必要なときはすぐに対応するように。

一小侍御番所（唐津領との境目の番所）では、唐津城までの道筋や宿のことなど問い合わせがあると思われるので、詳しく案内できる者が対応するように。

以上のようなことについて会所役もよく理解し、対応が粗略にならないように。別府の宿所へは、よく掃除し、雪隠（トイレ）も使いやすいようにと指示しておくこと。（後略）

多久にとって上位組織である佐賀本藩は、すなわち公儀であった。マニュアルの中味はますます細かくなっているが、公儀業務の円滑な遂行のため、出張者に丁重な対応をすべしという基本方針と、必要事項の具体的指摘は、勝茂書状をそのまま踏襲していることがよく分かる。

冒頭に紹介した事例の場合も、中溝・安本の二人が藩主御用を仰せ付かっての公務出張（公儀意思の遂行）であるかぎり、身分の上下にかかわりなく、多久領としては彼らの尊大な言動にも眼をつぶって丁重な接遇をしなければならない立場にあった。

パラダイムシフトの進行と多久の武士

世の中はすでに武士たちが武勇や武芸を誇示する時代ではなくなっていた。天和二年（一六八二）に始まる「御屋形日記」の中で、多久領における武芸奨励に類する記事は、同年十一月に三代領主多久茂矩とが多久へ来たとき、多久御屋形の裏庭で「作法の的」と「侍鉄炮的」を見たという一件だけであり（一七〇〇年まで）、逆に、数少ない兵法指南者である野口貞兵衛という武士が、「内證差支え」に追い込まれ米二駄を支給される（元禄六年四月十七日付）というような有り様であった。幕藩体制下の武士たちに求められたのは、勝茂書状が示すように公儀への御奉公であった。武士社会の仕組み、人々の共通認識が根本的に変化するパラダイムシフトが進行していたのである。

パラダイムシフト時代に、当の武士たちはどのように生きていたであろうか。

さきほどから名前が頻出する瀬田清左衛門という武士がいる。同時代に編纂された多久領武士の由緒書集「水江臣記」（刊本は文献出版社）には、「長信様御入城之時分、某先祖竜造寺石見、御親類分之者ニ候故被相付、万心遣仕候様ニと御座候而、多久江御供仕罷越…」（竜造寺長信公多久入城のとき、わが家はもともと親類関係なので先祖の石見がお供した）とあるように、先祖は多久家創立メンバーの一員であることを誇る由緒正しい上級家臣である。

時代は移り、末裔の清左衛門は多久領一帯を支配管理する多久会所の会所役である。会所役の多忙ぶりは前稿の中（二一一〜二二一ページ）で副島柳左衛門のことを紹介したので詳しくは述べないが、佐賀の多久家屋敷や佐賀本藩の小城郡役所からの指示事項を多久領内へ伝達し、実行を指揮監督し、進行状況を報告する本務の傍ら、一日一〇数ページの業務記録（「御屋形日記」の原本）を書き残すという超人的な能力を必要とした。そのような業務の一環として、唐津へ行く本藩使者一行の世話をしたり、身分も定かでない本藩からの出張者の酒の相手をしたりしていたのである。

その瀬田清左衛門が、珍しく個人的な感懐を吐露している文章が「御屋形日記」の中にあった。毎日佐賀屋敷へ送る業務報告の追記として書かれたものであるが、たぶん宛名の久松源五左衛門（多久家佐賀屋敷にいる多久会所との連絡役）という人物と特別親しい間柄だったらしく、つい筆が滑ったということであろうか。その部分を紹介する。

（元禄十四年七月二十日付）

（前略）すでに源藏（久松の通称）も話は聞いていて分かっているとは思うが、大工という連中のことはほんとによく分からない。急ぎの御用だといっても全然驚かず断るばかり。（御用大工徴用の）お触の指示を処理するために気を遣い、草臥《くたび》れてしまった。以前からそのため病気になり、今度も命限りに動きまわって病気再発し寝込んでしまった。

（中略）

本藩の郡役所から急に雨乞《あまごい》浮立《ふりゅう》の警固要員を出す様にいわれ、一晩中触れまわったが誰もおらず、もう自分が行くより仕方ないかと思っていたところに、「天とうの御引合」（天の神のお助け）なのかようやく一人見付かり、伊万里へ行ってもらった。何とか一息ついたところだ。こんな有様を本藩郡役所の人に見てもらいたいものだ。「御寄合之節為御一笑」（寄合の時の笑い話として）書き加えた。以上。

大工たちが言うことを聞かないと嘆き、人数を確保するため命限りに動きまわって体をこわし、突発的な警固要員の確保に難渋したと言っている。

ここで問題になっている大工というのは、前年秋から始まった佐賀城本丸普請工事のための作事要員であるが、大規模・長期間にわたるため既に供給限界に達している実情があった。そのような中で、与えられた職務を忠実に履行するため、懸命に取り組み悪戦苦闘しているのが清左衛門の日常であり、そのような現場の実情を誰かに認めてほしい、というのが本音であったはずである。ところがここでは、「為御一笑」などという自虐的表現がなされている。

巨視的にみれば、すでに確立した公儀支配体制の中で、末端地域の支配管理実務を忠実に遂行するということは、それだけでも重要かつ必須の役目である。重責を果たしているにもかかわらず、本人にはその意義がまだ十分認識されていないようで、綱渡り的日常業務処理にくたびれ果て、徒労感だけが先立つ感じの独白が記されている。私信ではなく、公用の業務記録の中に、である。史料に対する感情移入は無用であろうが、何とか激励してあげたい衝動を覚える珍しい記録である

人生指南書としての『葉隠』

この時代、瀬田清左衛門と同じような立場や状況にある多くの武士がいたであろう。彼らが自分の生き甲斐をどのように考えていたか知るよしもないが、武勇・武芸が優先的価値観であった時代が終わり、訪れた新しい時代の生き様をまだよくつかみきれず、一種の精神的漂流状態にあったのではないかと思われる。そういう彼らには、生き方の指針となるような思想・教義が求められる状況があったであろう。『葉隠』は、彼らのために、新しい時代の「畳の上の奉公」の在り方を説く硬骨の人生指南書として編まれたものである、と私は考えている。

（平成二十八年七月）

多久長門茂矩の隠居

多久茂矩突然の隠居を命じられる

貞享三年（一六八六）閏三月十六日、多久三代領主多久長門茂矩は突然隠居を命じられ、翌々日十八日、養嗣子茂文に家督を仰せ付けられた。茂文は、実は佐賀藩主鍋島光茂の三男で、のちに学問所「東原庠舎」を創設し続いて聖廟を建てて儒学を奨励し、「文教の郷多久」の基を築いた名君であるが、この時はまだ数え年十八歳であった。

『葉隠』の山本常朝はこのとき二十八歳、藩主鍋島光茂の参勤のお供で佐賀には居なかったが、もともと多久茂矩に関心が深かったものか、または、日ごろから敬愛していた二〇歳年長の甥山本五郎右衛門が自宅火事の責任をとって自殺するというアクシデントもあって、貞享三・四年の出来事の印象が強かったものか、『葉隠』にはこの件について二つの記事がある。

一つは、聞書八に、この隠居には隠れた事情があったようだ、として隠居後の茂矩の動静を記したもの。もう一つは聞書六に、藩主光茂が若年の茂文を懸念して、当分茂矩の弟兵庫へ相続させようかと言ったところ、多久の家来たちが反対して茂文になった、というものである。原文は次のとおりである（栗原本から標題を略して引用）。

（聞書八　栗原本九二〇項）

多久長門殿隠居の事　長門殿御隠居は、ちと様子これ有り候由（中略）多久家中屋敷へ参り、「即ち多久へ御引取り、御隠居候へ。御迎ひに参り候」由申し候。長門殿返答、「何れも申す所尤もにて候。去りながら我等隠居は、心入れこれ有る事に候間、一生佐嘉離れ候事、叶はず候間堪忍いたし候へ。」と申され候由（後略）。

（聞書六　栗原本六四八項）

多久長門殿隠居の時、光茂公仰出され候は、「伊豆を長門子に仕り置き候へども、幼少に候間家督は兵庫に仰付らるべき」由に候。此段家来共承り、「太守の御子様を養子仕り置き候へば、いよいよ伊豆殿に家督仰付けられ下さるべく候。兵庫を主人に仕る儀罷成らざる」由申し候に付て、伊豆殿に家督仰付けられ候。それより伊豆殿を褒め上げ崇敬致し、恙なく家連続にて候。多久家中の義あつき事と沙汰これある由なり。

『葉隠聞書校補』の考証

このことについて、幕末期に枝吉神陽らによって編纂された『葉隠』の注釈書『葉隠聞書校補』（『佐賀県近世史料第八編第一巻』）を調べてみた。同書は、『葉隠』登場人物について生没・家系・経歴などを詳細に考証した人物辞典的書物であるが、この件については珍しく事件の経過説明がなされている。「多久長門殿御隠居之事」と表題された同書五九五ページの原文の意訳を次に掲げる。（括弧内は筆者注）

（前略）佐賀本藩領多久瓦川内村の内に紛らわしい箇所があり、以前から分かっていたにもかかわらず数年そのままで、最近本藩からの巡検の時にも対応が不埒であった。このため百石余（の知行地）を召し上げられた。（中略）（茂矩は）もともと「依怙つよく由」内々（光茂公は）お聞きになっていた。その上「病者にて当役（筆頭家老）相勤難」くと思し召され隠居を仰せ付けられた。

家督については、伊豆（養嗣子茂文）はまだ若年で家老職は勤まらないので、茂矩弟の

兵庫へ知行を与え家老職とし、茂文が成長するまでの後見を仰せ付けられた。（後略）

これを読むと、多久長門茂矩は、あたかも人物的に領主不適格であったので隠居させられ、弟の兵庫が後見役をした、という趣旨の記述になっており、少なからず違和感を覚えるものがある。それで、『葉隠聞書校補』の成立経緯について調べてみた。

同書は、木下喜作氏の研究（『葉隠研究』22号「神陽、枝吉平左衛門経種の研究」）によれば、一八五四年～一八六二年ごろ枝吉神陽が中心となって原稿作成していたが、神陽死去により中断し、相良宗蔵・徳島常維が二〇年後明治十五年（一八八二）から再開しまとめた、とされている。また、同書の人物考証などの記述が詳細であることについては、「個人の記憶だけではなく藩庫保存の記録類を利用したであろう」とされている。したがって、茂矩隠居についての記述も何らかの記録資料に基づいて書かれたものではあろうが、少なくとも一方の当事者である多久家の文書記録が参照された形跡は窺われない。おそらく当時の口伝や風聞などを記録した聞書資料が基になっているかと思われる。

しかし、後述するように、多久の「御屋形日記」や多久家正史「水江事略」など同時代の多久家文書を参照すると、隠居の原因、兵庫の後見、茂矩の人物像、とくに養嗣子茂文に対する深い愛情・思い入れなど全く違った事実や状況が見えてくる。

『葉隠聞書校補』は、木下氏が前記論文の中で、栗原荒野氏の名著『校註葉隠』の著述を「決意させた動機」とされる重要資料であるだけに、多久茂矩隠居・茂文家督のことについて、『葉隠聞書校補』の考証記事だけが一人歩きして、世の中に事実と違った歴史情報が定着してしまうことに危惧を覚えるものである。関係する多久家文書を参照し、文書記録による事件の顛末を紹介したい。

「御屋形日記」でたどる隠居の経過

まず、多久「御屋形日記」に記された茂矩隠居と茂文家督の記事は次のとおりである。

（貞享三年閏三月十六日付　刊行本第一巻一一六ページ）

昼七つ時分、御屋敷へ鍋嶋弥平左衛門殿・大木左介殿御上使ニ而、長州様御隠居ニ被仰付之旨、仰渡御座候事

（同年同月十八日付　刊行本第一巻一一六ページ）

昼九つ時、御屋敷へ鍋嶋主水殿・馬場十兵衛殿御上使、伊豆様へ御家督被仰付の由、仰渡御座候事

茂矩が前触れなしに隠居を仰せ付けられ、翌々日、茂文が家督を仰せ付けられた記事である。理由の説明など一切ない。

この時代、武士の隠居に伴う家督相続は、自ら願い出て許可を受けて行われるのが通例であり、上からの命令による隠居というのは、刑罰の一つであった。多久領の法令集「御定書」には、「御手当方幷一類遠慮日数御定」の部に、「隠居」は、生命刑（生害、切腹）、追放刑（追放、郡払）、名跡召潰、牢人、に次ぐ比較的重い刑罰として位置づけられている。『葉隠聞書校補』がいう知行地紛争や、「依怙」などが原因ならば、なぜこの時期に突然に隠居という重い罰を命じられなければならないのかよくわからない。また、茂矩は病弱であったとされているが、前年十月から佐賀藩主鍋島光茂の参勤に随行して江戸での勤めを果たし当月六日に帰着したばかりであり、直接の原因とは思えない。

しかし、「御屋形日記」をよく読むと、茂矩が領主として危機管理対応体制の欠如を咎められても仕方ない失態があった。それは、前年秋、参勤のため参府した藩主光茂と多久茂矩

の留守中、貞享三年二月十九日に佐賀城内の多久家上屋敷で火事を発生させ、その上、江戸への通報がまともに届かないという二重の失敗があったことである。その経過を記した同年三月の「御屋形日記」の記事の意訳文を次に掲げる。（括弧内は筆者註、以下同じ）

（貞享三年三月十七日付　刊行本第一巻一一〇～一一一ページ）

夜二番鳥時分（午前四時ごろ）佐賀から飛脚が来た。先月二月十九日夜十時ごろ（多久家）上屋敷で火事があり、御鷹屋と中間小屋が焼けた。江戸へ通報するため二十日晩（佐賀城の）三之丸から出発する飛脚に多久小与の真島左次右衛門を同行させたが、左次右衛門は原之宿（現・静岡県沼津市）で落馬したので、江戸への書状を三之丸の飛脚に託し自分は三月五日佐賀へ帰着した。

火事を発生させた上、江戸への使者が途中で落馬して任務を放棄してしまうという大失態を演じている。留守中の危機管理体制欠如を咎められても弁明できなかったであろう。

なお、記事の日付が火事発生から一か月後であるのは、江戸から来た手紙の内容を日記の記事にしているためである。

（承前）

火事のことは、別途十左衛門様（武雄領主）から通報があって、三月五日早々大殿様（藩主鍋島光茂）がお聞きになり、長州様（多久茂矩）へ御近侍の馬場十兵衛殿・副島五左衛門殿を通じて「世間体もあるのですぐに帰国すべきである。（前に決めていた）茂文の伊勢代参についても他の者をやることにする」と仰せ渡しがあった。長州様としては殿様の出発前に江戸を発つ必要があるので（三月）六日晩から七日朝に江戸を出発することになった（後略）。

（貞享三年三月十八日付　刊行本第一巻一一一ページ）

多久からの通報はまともに届かなかったが、別ルートの通報がきちんと藩主光茂の許へ届いており、光茂は即座に茂矩へ厳重注意（早期帰国指示・養嗣子茂文の伊勢神宮代参取り止め）をしている。このため茂矩は慌ただしく江戸を出発することになった。多久家中はこの事態を深刻に受け止め、領中あげて謹慎態勢に入る。日記は次のように記している。

火事について長州様は帰国を命じられ、伊豆様の伊勢代参も別人へ仰せ付けられることになったので、多久領中遠慮（行動を慎むこと）しなければならない。作事普請・狩・鉄砲・寺参、その外派手な遊山をやめ、月代《さかやき》（武士の整髪）もしないよう下々まで触れ回した。

また、茂矩の帰国を多久家中はどのようにして迎えるべきか。三月二十六日付の記事は次の通りである。

（貞享三年三月二十六日付　刊行本第一巻一一三ページ）

（前略）長州様は三月十七日晩伏見に着き、同夜船で大坂へ向かい日朝五時ごろ大坂へお着きになった。天気がよければ二十日夜乗船されるが、天気が悪ければ陸路中国路を通られることもある。

佐賀ご到着のときは、多久から馬乗通《うまのりどおり》（上級ランクの侍）の者が二～三人佐賀へ行き、お着きになってから「目に立たず様にそろそろ」一両人ずつご機嫌伺いをするように。惣侍（侍一般）・与《くみ》の者（組所属の武士）は佐賀へ行く必要はない（後略）。

多久領あげて謹慎態勢に入り、領主の出迎えは限られた少数の者だけそろそろと目立たないように機嫌伺いをするというのである。当然何らかのお裁きがあることを想定していたことと思われる。そういう空気の中、この記事から一〇日後の閏三月六日、茂矩は「鶏鳴時分(午前二時ごろ)」上屋敷へ帰着する。隠居の仰せ渡しはその一〇日後である。外見では唐突に見えた茂矩への隠居仰せ付けもむしろ当然の成り行きであった。

茂文を慈しんだ茂矩

また、家督を茂文に譲ることについては、茂矩自身も茂文が若年であることの懸念はあったかもしれないが、相続そのものについての異存はなかったはずである。なぜなら、茂文は茂矩が藩主光茂へ懇望して得た養子であり、養子として迎えたあとも茂文に深い愛情を持ち続けていたからである。そのことは、次に述べるように多久家正史「水江事略」や関連の多久家文書でよくわかる。

さらに、家督相続後若年の茂文が後継領主として政務を行った状況について、「御屋形日記」の記事を詳細に見ていくと、『葉隠聞書校補』に記された茂矩弟兵庫による後見の実態はなく、多久領統治の意思決定は「御父子様御意」によって行われており、実質的に茂矩主導の政治が続行していた。このことについても後述する。

まず、茂矩・茂文の父子関係について関係文書を見ていく。茂文を養子に迎える経緯について「水江事略」は次のように記している。

「水江事略」巻之十　茂文公譜

水江龍造寺家第八世多久伊豆藤原茂文公　寛文九年乙酉十一月十六日向陽軒ニテ御誕生太守光茂公御三男ナリ　御生母ハ太守ノ侍妾ナリ（中略）茂矩公先ニ御男子オハセシカ共御早世ニテ御齢四十ニ成ラセ玉フ迄御世嗣ナカリシカ今度太守ノ侍妾懐妊ノヨシ聞召レ御男子御出生マシマサハ御養子ニ成サレ度御願上サレシカハ太守御喜悦ニテ御出生ノ上進セラル（後略）

佐賀城内の向陽軒で生まれた茂文は数え年十歳までそこで育つが、延宝六年（一六七八）十月多久屋敷へ入る。幼い茂文に宛てた茂矩の愛情あふれる覚書がある。この文書は『佐賀県史料集成　古文書編』第十巻にも収録されているが、短く内容も平易なので雰囲気を知ってもらうため原文をそのまま引用する。

（多久家文書二一六五四）

覚

一、其方為を存、傍之者共申候儀、何様気ニ逢不申候共能々承、其者弥、重而も存寄申能様、可被仕候事

一、家中之者共、懇ニ被仕、頭立候者共、弥粗略不被仕、万一存寄抔申候儀有之時ハ、能可被承立候事

一、馬乗下、仕習可被申候事

一、書よミ仕習候事　付り　判形之事

一、朝夕之膳之時分、無行儀ニ無之様ニ可被相嗜事

萬吉

卯月廿日　　長門

伊豆殿

お前のためを思って側から言ってくれる意見は気に入らないことでもよく聞き分けすること、下から気軽に物が言えるようにすること、家中の者を大事にすること、乗馬の訓練をすること、読書すること、食事の行儀をよくすることなど、将来領主になるべき者の心得を、「被仕」、「可被申」など丁寧な言い回しで、噛んで含めるように言い聞かせている。

本人へ言い聞かせるだけでなく、茂文御側の者へも育成方針を事細かに指示した覚書がある。延宝八年(一六八〇)十二月、茂文十二歳のときである。側役として木下平五左衛門、今村東左衛門の二人が任命された。いずれも多久家上級家臣である。覚書は全文七項目あるが、基本的な心得を示した冒頭第一項の意訳文を掲げる。

(多久家文書一八二二)

覚

一伊豆(茂文)側役として其方二名を任命した。諸事全般に深く立ち入って力の及ぶかぎり(茂文の)世話をしてもらいたい。茂文へ意見するについては、ここ一〜二年の間は前もって「我等」(茂矩本人)へ相談した上で本人へ言うように。

その場その場の小さなことは、茂文がわがままにならないように、殿様御父子様(藩主鍋島光茂と嗣子綱茂）および私に対し失礼なことがないようにということを、常々言い聞かすべきである。

本人もある程度分かっていると思うので、当分はせわしく意見しないでよい。しかし、「差立たる肝要の義」（特段に大事なこと）は、一命を捨てる覚悟で申し達すべきである。

上から押しつけるのではなく、本人の自主性を尊重し自覚を引き出すような育成方針を基本としながらも、特段の大事については一命を捨てる覚悟で諫言せよと言っている。

第二項以後は、側役二名はどちらかが必ず側にいること、外出する時は必ず届けること。客人に対して失礼がないよう当分は側役も対応するように。お付きの乳母などをよく指導すること。家内の秩序が守られるよう指導すること、などについて細かく指示しており、茂矩の深い配慮が窺われる。茂矩の茂文に対する愛情は終生変わることがなかった。

茂矩は元禄二年（一六八九）十二月十日赤松屋敷で突然死するが、すでに自分の死を予知していたのか「水江事略」には、死の三日前、十二月七日付の次の記事がある。

「水江事略」巻之九　　茂矩公譜（元禄二年）

十二月七日　公多久六郎左衛門同杢佑同七郎左衛門及老分ノ輩ヲ召サレ御料理ヲ賜ハリ我ニモ御對座ニテ御勧成サレ　御座モ半ニシテ御盃ヲ留メラレ仰ラル、ハ我齢既ニ六ソシニ到レリ　殊ニ多病ニシテ翌ヲモ待レヌ我命ナリ　我亡跡ハ當家ノ事弥吾子等ヲ頼ミ存ルナリ　三人ハ御筋目ノ者ニ候へハ茂文ヲ守リ育テ家業ヲ墜サ、ル様粉骨ヲ尽スヘシ　此事努々忘ルヘカラス　我死テノ後吾子等今日ノ言葉ニ背ク事アランニハ黄泉ノ下ノ恨ミナルヘシト仰有リシカハ　三人謹テ申ケルハ仰ノ旨委細畏奉リ候　百歳ノ後争テカ御意ヲ疎ニ仕ラント誓ヒニケレハ公大ニ悦ヒ玉ヒ（後略）

多久家三人の家老に対し、自分の死後「茂文を守り多久家のために力を尽くすと約束してくれ、もし背くことがあればあの世から恨みに思う」とまで言い切っている。このとき茂矩にはすでに九歳の実子藤千代がいたが、そのことには全く触れていない。

こうした一連の経過をみると、茂矩の念頭には、茂文を養子に迎えた最初から多久家の後継者は茂文しかいなかったことがよく分かる。『葉隠』聞書六には、兵庫への家督を多久家家来が拒否したとあるが、茂矩の真意を知悉していた多久家中の者としては当然の返答であったろう。

「御父子様御意」による多久領統治

『葉隠聞書校補』にいう多久兵庫による後見のことを「御屋形日記」によって調べてみた。「御屋形日記」は天和二年（一六八二）から明治三年（一八七〇）二月まで書き続けられた多久領役所の業務日記であるが、多久家による領内統治実務の具体的事項（触達・業務命令・役人人事・犯罪処理など）について、どこで意思決定がなされ、どのように伝達され、どのように処理したかまで綿密に記録した、他に例を見ない貴重な地域史料である。これを見れば、当時の多久領統治の内実を知ることができる。

同日記によれば、茂文は家督仰せ付け後、藩主へのお礼を済ませ、約一か月半後の貞享三年（一六八六）五月三日に多久家上屋敷へ移り、十八歳の後継領主としての執務を開始する。意思決定に関わる記事の初見は、六月七日付「狩野孫之允娘縁組」、「長順（山伏）熊野峯入御暇」がある。それ以後も六月三件、七月、八月、各一件九月二件ずつ「御前様被聞召上」、「伊豆様被聞召上」の記事があるが、これらの意思決定に兵庫が関わった形跡は見えない。一件だけ兵庫の名が出てくる記事がある。五月六日付のもので、「牢人中の田中賤右衛門に厳有院様御法事（徳川家綱七回忌）の恩赦が適用され赦免された。それは、十左衛門様・弥平左衛門様（佐賀本藩の御当役）へ兵庫殿・民部殿（兵庫の弟）が相談されたものである。」という記事である。

ただ、ここで断っておかなければならないのは、「御屋形日記」には記事の中断期間があるということである。現存する「御屋形日記」は天和二年（一六八二）十月二十二日から始まっており、刊行本第一巻には最初から貞享三年（一六八六）十月三日までを収録している。しかしその後、二年間の日記中断期間があり、刊行本第二巻は元禄元年（一六八八）十月五日から再開するのであるが、兵庫は日記再開の二〇日後、元禄元年十月二十四日に亡くなる。あるいは、日記が欠けている二年間に兵庫が関与した記事があったかもしれないが記録上確かめる方法がない。

それよりも注目すべきは、隠居して政務より退いたはずの茂矩が、「御父子様御意」、「御父子様被聞召上」「御父子様仰渡」などの形で意思決定に関与している場面が多いことである。それが日記再開後の元禄元年十月から特に顕著になっている。茂文家督後、貞享三年六月～九月の茂文意思決定件数は九件であったのに対し、「御父子様」共同意思決定は三件であり、茂文に対する補完的役割を思わせるが、日記再開後の元禄元年十月から茂矩逝去前月までの十四か月を見ると茂文単独の意思決定はわずか八件。一方、「御父子様」共同意思決定は三〇件と圧倒的に多い。これがどういう理由によるものかわからないが、いずれにせよ茂矩主導による意思決定が復活したとはいえるであろう。『葉隠』聞書八で茂矩が言ったとされる「心入れこれ有り」。生涯、佐賀を離れなかった本意は、最後まで茂文を支え導く意図があったとも思われる。

以上、多久長門茂矩の隠居と茂文の家督のことについて、当代、当人に最も近い史料である多久家文書をもとに検証してみた。『葉隠聞書校補』に書かれていることとは異なる状況があったことを知っていただきたいと思う。

（平成二十九年八月）

「生類憐み」の時代

『葉隠研究』81号掲載の拙稿「パラダイムシフト時代の武士たち（一）」においても少し触れたが、『葉隠』の時代は、武勇や武芸を優先価値観とする社会から、儒学をもとにした平和な秩序社会へと転換していく過程でもあった。徳川五代将軍綱吉は、そうした文治政治への転換を強力に推進した君主であったが、その一環として儒教・仏教による人心教化を意図して発布された「生類憐みの令」は、その刑罰の過酷さのために悪法の代表例として紹介されることが多い。

一例として、小城藩の『元武公御年譜』（『佐賀県近世史料』第二編第二巻）付録には、「生類御憐之事」という見出しで、三五〇石取りの旗本長谷川杢兵衛の十二歳の子が、吹矢で遊んでいて燕を射ち落としたために鈴ヶ森で打ち首になり、親の杢兵衛は三宅島へ島流しになったことが書いてある。

ところが、江戸以外での取り締まりはそれほど厳重ではなかったのか、神坂次郎著『元禄御畳奉行の日記』で有名になった尾張藩士朝日重章は、禁制中であっても魚釣りや投網打に足繁く通っていたことを、『鸚鵡籠中記』に書き留めている。

「生類憐みの令」は一六八〇年代から綱吉存命中約二〇年間にわたって発布された多数の法令の総称であるため、その本質や実情は不明のことも多く、学界でもまだ論議が続いている模様であり、とくに地方における実情については報告例も少ない。

しかし佐賀においては、小城藩領内に厳しい禁令が敷かれる一方、佐賀本藩の指導は比較的ゆるやかで、多久の「御屋形日記」には多久領内の実情がわかる記事も多い。また、将軍綱吉の真意を伝える貴重な御触書の伝達記事もある。

本稿では佐賀一円における生類憐み令対応の実情について報告したい。

忠実に順守した小城藩主鍋島元武

地域における生類憐み令の実施について、小城支藩では、特別な事情から厳しい対応を余儀なくされた。特別な事情というのは、元禄六年（一六九三）七月、小城藩主鍋島元武が将軍綱吉の奥詰を命じられたことである。奥詰というのは、綱吉が新設した役職（大名教育のため？）であり、三日に一日出勤して将軍の諮問に答えることになっていた。勤めを続けることができなかった大名もいたようだが、元武は綱吉死去の時まで一五年間奉仕した。綱吉側近としての立場もあって、自分の身辺を慎むだけでなく領内統治についても厳しい指示をせざるをえなかった。

前記『元武公御年譜』元禄六年七月に「御登城の次第幷御平生御慎之事」という見出しで次のような記事がある。長いので生類憐み関係のみ抜粋した。（原文を意訳、括弧内は筆者注）

（前略、日常勤務の要点や心構えなど九項目省略）

一日常食事の禁止品目（品名は史料の表記をそのまま転記した）

鯉・鮒・うなき・鯨・なまこ・ゑひ・蛸・あわひ・たいらき・みるくひ・赤貝・蛤・まて・かき・とちやう・さつこの類・ささい・ばい・にし・田にし・あさり・つへた・あミ・しゝミ・いか・ひいる・玉子・かに・とこふし・海たけ・うきゝ・かいのほし・うに

鳥類は小鳥・塩鳥まで何でも禁止、五辛（ニンニク、ニラなど臭気の強い野菜五種）の類も。ただし正月・五節句の日には、魚・鳥・貝類も差し支えない。御屋敷内の人々も同様に堅く慎まれたい。禁止品は御門内に一切入れないよう仰せ付けられた。

（中略、儀礼、交際等二項目省略）

一殺生の事は言うに及ばず、生類憐みの順守を第一にすべきであり御領中へ次の通り仰けられた。

一締（わな）運上・鳩打札運上、ならびに川運上などすべて取り上げる。

一堀を干して魚を取ることは言うに及ばず、生類すべて殺生することは御領中下々の者までもきびしく禁止する。

一渡世のため殺生しなければならない者は別として、其外の者が殺生することは言うに及ばず、殺生の道具を取り扱う者、ならびに蝿打ちなど制作することも禁止する。

一小城・岡両町、牛津両町をはじめ御領内において猪・鹿、四足の類、特にとう亀・鯉・鮒などを取ることは言うに及ばず、他領から買い取り御領内において商売することも禁止する。勿論、監視役を任命し違反者があればすぐに通報するよう仰せ付けられた。

一殺生は、御家中御扶持人は下々に至るまで、渡世たりとも一切禁止仰せ付けられた。

藩主自身および屋敷内の者すべて、食事は、正月・五節句以外の日は魚介類・鳥類を禁止され、小城藩内の領民に対しても、商売も含めきびしい殺生禁止が命じられている。蝿打ち製造禁止に至っては首を傾げざるを得ない。

佐賀本藩は元武の申し入れを断る

さらに元武は、佐賀本藩に対しても、自分が「奥詰役を仰せ付けられ、生類憐みを第一に実行しなければならず、領内に対し一切の殺生禁止を指示したが、今山・大願寺・山田などの地域では（小城領と本藩領が）入り交じっており、諸猟禁止を徹底させることができない」ので、本藩においても諸猟禁止にしてほしい趣旨の申し入れを行った。

これに対し佐賀本藩御当役の鍋島弥平左衛門からは、「（申し入れの趣旨はよく理解した上で）詮議したが、本藩領小城領ともに殺生禁止することには問題点も多く、藩主の判断を仰ぐことはできないのでご了承ください」との返書が小城御家老中宛てに出されている（『元武公御年譜』（『佐賀県近世史料』第二編第二巻）。

将軍綱吉の真意を伝える御触書

佐賀本藩が、小城藩からの申し入れに対し、藩主の判断を伺うことなく門前払いに近い形で断ったのは、後述するように、すでに一定の判断基準を持っていたからだと思われるが、江戸幕府でも、生類憐み令の真意を伝えるとともに地方の実態に対応するための御触書が出されていた。「御屋形日記」元禄六年七月二十九日付（刊行本第四巻一一二ページ）にそれがある。前文には伝達経過・経路も明記されており、正規の御公儀御触書であることが確認できる。

御触書部分の意訳は次のとおりである。

一　遠国において狼・猪・鹿が（田畑を）荒らす時は威《おど》し鉄炮で追い払い、それでも止まない時は（弾込め）鉄炮を打って早速鎮め、後で大目付へ報告すること、前伺いの上で許可していては、遠路のこともあり下々が難儀するので、この趣旨を遠国の面々へ度々周知するように。

一　要するに生類憐み仰出の趣旨は、「人々人相成候様」（人々が人として仁心に至るように）との思し召しから仰せ出されたことであるので、そのことを理解すべきである。

四月晦日

前段では、田畑を荒らす獣害に対して実弾鉄炮を使うことを認め、後段では、生類憐み令の真意は、人々が仁愛の気持ちを持つようにとの趣旨であると明言している。

これが、下僚の作文などではなく綱吉の正式な裁可を受けて出されたことは、歴代将軍の日別の執務記録『徳川實紀』の綱吉の部『常憲院殿御實紀』四月三十日付に全く同じ趣旨の記事があることにより確認できる。ただ、江戸幕府編纂の法令全集『御触書寛保集成』への収録はない。しかし、私撰の『御当家令条』（『近世法令史料叢書』第二巻）に数文字だけ違う同文が収録されていることから、全国へ向け正式な手続きにより同文で発出された御触書であることが確認できる。

大変重要な内容の御触書であるにもかかわらず、これを受けた全国各地が現実にどのように対応したか、についての論文や報告は見たことがない。その理由は、この御触書が地域の末端まで到達したことの記録（地域史料）が各地に残っていないためであろう。その意味で、「御屋形日記」に約三三〇年前のこの御触書が記録されていることの意味は大きい。

佐賀本藩のゆるやかな方針

「御屋形日記」には、佐賀本藩の考え方がわかる記事があるので猪害対策を中心に報告する。佐賀本藩においては、猪など獣害対策の基本方針は、すでにこの御触書受領以前から定まっていたようである。この御触書受領より三年前、元禄三年（一六九〇）の「御屋形日記」に次の記事がある。

（元禄三年八月十六日付　刊行本第三巻七ページ）

一伊王寺村（現・武雄市北方町）の田畠を猪鹿が荒らし、百姓共が迷惑しているので、威《おど》しのため弾なし鉄炮の使用を許可してもらいたい旨、代官福地九兵衛から願書が（多久家佐賀屋敷へ）上がってきた。与兵衛殿（多久家老）が本藩の猟方役者へその願書を提出したところ、それはまず請役所へ相談された方がよかろうということで、請役所へ相談したところ、以前鉄炮改めを担当した枝吉三郎右衛門・深江八左衛門へ相談しなさいということであった。執行久太夫が深江八左衛門へ問い合わせたところ、次のように答えられた。

一その村に本藩の被官（武士の従者）、または多久領の被官がいたら、その人は威《おど》し鉄炮を打ってよい。また猟師として登録された者であれば、猪を打留めてそれを売ってもよいことになっている。百姓は鉄炮を打つことができないので、その村に被官の人がいなければ、隣村またはどこからか被官の人に来てもらって威《おど》し鉄炮を打ってよい。

もし猟目付（狩猟監視役）からとがめられたら、誰々の被官であるとはっきり申し出るようにと言われた。しかしながら、その通り（多久代官へ）指示しても猟方役者の方は差し支えないだろうかということで、執行久太夫が猟方役石井八右衛門へ問い合わせしたところ、その通りでよい。猟師であるならば改めて願書を出さなくてもよい、とのことであったので、その旨代官福地九兵衛へ仰せ達された。

問い合わせ確認にずいぶん手間がかかっているが、猪害対策として、鉄炮を使うことのできない百姓のためにも実行可能な便法を教えてもらうなど、佐賀本藩では、地域住民の実態に配慮したゆるやかな基本方針がすでにできあがっていたことが分かる記事である。

多久領における実態

それでは、このころ多久領において猪などの獣害に対してどんな対応がなされていたか「御屋形日記」の記事から見てみたい。猪への対応例として次の記事がある。

（元禄六年四月十七日付　刊行本第四巻八七ページ）

一竹の子狩（竹の子山を荒らす猪を駆除するための狩り）実施について、山方役石井太郎右衛門から申し出があったので、例年のように猟師狩（犬を入れて獲物を追う狩猟）を許可された。御法度場（領主による禁猟地）の内両子山（現・多久市東多久町）は、猟師狩でなく葉陰に隠れて躵《ねらい》（待ち伏せして狙い撃ちすること）でやるようにと指示された。

この記事からは、①季節的に竹の子山を荒らす猪を駆除する狩猟が慣例化していたこと、②領主禁猟地であっても竹の子狩りは特認があったこと、③猟法にも、猟師狩りと躵《ねらい》という待ち伏せして狙い撃ちするやり方があったこと、などが分かる。

（元禄七年四月二十五日付　刊行本第四巻一七六ページ）

一猟方相浦角進から竹の子狩の実施について申し出があったので領主へ伺ったところ、納所山（現・多久市東多久町）・天ケ佐古・西明寺山（ともに現・同市南多久町）あたりは躵《ねらい》にて防ぎ、大佐古（現・同市東多久町）・桐野（現・同市南多久町）・山崎・下鶴山（ともに現・同市多久町）は猟師狩でやるように指示された。捕れた猪は領主はいらない。例年のように払（下々で処分すること）にするようにとのことで、その旨多久へ伝達した。

地域によって違う狩猟法を指示しているが、鵇《ねらい》を指示した地域は他領（本藩領・小城領）との境界周辺であることを配慮したのではないかと思われる。また獲物の処分は下に任せられていた。猪肉は食料としても貴重なものであった。

獲物目当ての逸脱した行為もあった。

（元禄七年十二月二十五日付　刊行本第五巻二八ページ）

一西岡八郎兵衛に仰せ渡し、先月十七日、皆木山（現・多久市東多久町）の方からししやり声（猪を追う声）がしたので鉄炮を持ち出して打ったと（本人は）言っているが、その声を聞いた者は他にいない。そして、犬が喰い伏せた猪を鵇《ねらい》で獲ったと言った。本来鵇《ねらい》は夜にやるものであるにもかかわらず（違反して）昼走りの猪を捕り、上に対して鵇《ねらい》で捕ったと偽証した。（中略）閉門仰せ付けられ鵇札《ねらいふだ》（狩猟許可証）を取り上げられた。

（同日付　刊行本第五巻二八ページ）

一金原嘉右衛門に仰せ渡し、先月二十日、別府（現・多久市東多久町）へ行った時、昼走りの猪を見つけいろいろ触れ回ったので、数人の者が追いかけ猪を打ち留めた。本来昼走りの猪打は禁止されているにもかかわらず触れ回り、自分も鉄炮を使った。（中略）お叱り逼塞、躵札《ねらいふだ》を取り上げられた。（後略）

同日付記事には、先月二十日に違反摘発された同様事例がほかに二項目掲載されている。同一日であることは、この時期に抜き打ちの一斉取り締まりがあったものと思われる。法令違反に対する処罰は、江戸の厳罰事例に比べそれほど重くない。これをみると、夜間に待ち伏せして狙い撃ちをすべきという建て前がそれほど厳守されておらず、現実には、結構獲物目当ての猪狩りが行われていた状況が窺われる。

多久領周辺の状況

「御屋形日記」には、多久領と隣り合わせの唐津領や武雄領の猪対策の状況を知ることができる記事がある。

多久領と唐津領の境界は現在の多久市と唐津市の境界とほぼ同じで、笹原峠を隔てて佐賀藩と唐津藩の番所があった。佐賀藩側の小侍番所守衛を多久が担当していたこともあり、唐津側の厳木大庄屋から情報提供を受けるなど親密な関係にあった。「御屋形日記」元禄四年九月十四日付（刊行本第三巻一六七ページ）には、日頃の情報提供のお礼に多久家臣の北嶋宗二郎が五升入一樽とヤスミ二つ簀巻きにしたものを、大庄屋三塩吉右衛門へ届けた記事がある。三塩吉右衛門は喜右衛門とも呼ばれていたらしいが、三年後、彼から北嶋宗二郎へ次のようなとんでもない頼みごとの手紙が来た。長いので要点のみ意訳する。

（元禄七年五月十七日付　刊行本第四巻一八二ページ）

（前略）「（三塩）喜右衛門の山にたくさん猪がおり田畠を荒らして迷惑しています。そこで明後日、村中の人数で追い出しを計画していますが、ただ追い出すだけでは残念です。ここには鉄炮がありません。すみませんが（多久から）鉄炮持ちの人を何人か派遣していただき（猪を）打ち留めていただきたいと願っております。沙汰なく（あちこち相談などしないで）遊びがてらに、どなたかを派遣してください」

手紙を受け取った北嶋宗二郎は、隣領の小城藩では、蝋叩きの製造さえ禁止されている厳しい状況を知ってか知らずか、手紙で次のように進言する。

「三塩喜右衛門へは聞き合わせなどいろいろ世話になっている。鉄炮持ちの派遣を断ると、お互い打ちとけない間柄になって以後差し支えるように思う。武雄領からは岡部八郎右衛門という人が犬を連れて唐津領へよく狩りにいっているという話を聞いた。また、武雄の猟師が唐津の上場（現・唐津市北西部）へ犬を連れて度々出入りしていることも聞いている。それで、こちらからも鉄炮持ちを派遣した方がよい」

当然、宗二郎の意見が認められるはずはない。多久家家老の助進殿は、「多久領では公儀御法度により狩猟は禁止されているが、猪・鹿などが田畠を荒らす時は猟師などがその場を防いでいる。小人数でも他領へ鉄炮持ちを派遣することは自分の一存ではできないので、担当の役人へ相談したが了解が得られなかった」という趣旨を宗二郎から三塩へ返事せよ、と指示している。

地域が隣どうしとはいえ、唐津藩領厳木の大庄屋が、他藩である多久家家臣へ当時の禁令違反の協力要請ができるほど両者の関係が親密であったことに驚く。また、間接的情報ではあるが、①唐津領内では、民間の大庄屋が勝手に大がかりな猪狩りをすることができた。②唐津領各地で武雄から猪狩りの助勢を受けるなど、生類憐み令の統制規制はゆるやかであった。③武雄領についても、武士や猟師が唐津領へ猪狩りの助勢に行くなど規制はゆるやかであったことが分かる。

以上、元禄時代の一時期、生類憐み令が地域にどのように受け止められたかについて、猪害対策を中心に見てきた。総じていえることは、藩主が将軍綱吉の奥詰役になったためきびしい対応を余儀なくされた小城藩領を除き、佐賀藩領については、本藩による地域実態によく配慮した指導もあって、比較的ゆるやかな対応がなされており、唐津藩領についてはより自由度の高い規制実態ではなかったかと思われる。

世上、生類憐み令悪政論がまだ有力のようであるが、「御屋形日記」の中に記録された将軍綱吉の御触書にある「人々人相成候様に」の本旨は、『葉隠研究』79号掲載の拙稿「弱者に寄り添う『慈悲』」で紹介した科人《とがにん》に対する手厚い保護の事例で分かるように、綱吉が、戦国時代とは全く違う価値観の定着を、強力に推し進めた一種の「劇薬的政策」として理解すべきではないか、と私は考えている。

（平成三十年三月）

藩境紛争を解決した民間外交

『葉隠研究』84号掲載の拙稿「「生類憐み」の時代」の中で、多久領と隣接する唐津領厳木村の大庄屋が、自分の山の猪狩りのために、多久領の役人へ鉄炮持ちの派遣を要請した事例を紹介し、「唐津藩領厳木の大庄屋が、他藩である多久家家臣へ当時の禁令違反の協力要請ができるほど両者の関係が親密であったことに驚く」と書いた。それで、「御屋形日記」に出てくる多久と厳木の相互交流の実情を調べてみた。

天和二年（一六八二）から始まる「御屋形日記」の記事を見ていると、多久と厳木との相互交流の親密さがよくわかる。また、『葉隠』には元禄五年（一六九二）～元禄六年にわたり争われた福岡藩と佐賀藩の藩境紛争（「弁財公事」）関係記事があって、いったん公訴となった藩境紛争の解決がいかに困難なものであるかを知ることができるが、弁財公事から八年後、佐賀藩多久と唐津藩厳木間の藩境をめぐり、あわや紛争になりかけた藩境侵犯事件を、双方の住民同士の一種の腹芸的交渉で円満解決した出来事があった。本稿ではそのことについて報告したい。

佐賀藩多久小侍番所と唐津藩厳木との交流

「御屋形日記」で、藩境を越えた多久と唐津領厳木との交流記事の初出は、日記が書き始められてから四年後、貞享三年（一六八六）八月四日付にある。「唐津和泉守殿御死去」という訃報が「唐津領篠原村文左衛門」から「小侍御番狩野孫之允」までもたらされたというものである（刊行本第一巻一四五ページ）。和泉守は唐津藩主松平乗久である。篠原《ささばる》村は現在の唐津市厳木町笹原《ささばる》。小侍御番所は現・多久市北多久町小侍に置かれた唐津藩境を守る佐賀本藩の関所であるが、その守衛は多久家に命じられていた。狩野孫之允はそこの責任者「小侍御番」である。

　八月四日に唐津藩主松平乗久の訃報が来た、というのであるが、実は乗久は、七月十七日に亡くなっていた。ずいぶん間延びのした通報のように感じられるが、そうではない。乗久は唐津へ居住することなく江戸で亡くなった。当時の江戸―九州の飛脚便は早便でも十日以上かかっていたので、唐津への訃報到達そのものが月遅れだったと思われる。『唐津市史』には、「龍源寺で焼香が行われたのは八月十七日」とある。文左衛門の知らせは一番の早耳情報だったかもしれない。文左衛門の身分はわからないが唐津藩領厳木住民からの藩境を越えた自発的情報提供である。すでに通報ネットワークができていたことを窺わせる。

こうした親密な関係はどのようにしてできあがったか。これより五年後、元禄四年（一六九一）九月十八日付の「御屋形日記」に次のような記事がある。（刊行本第三巻一六七ページ）

一厳木大庄屋三塩吉右衛門と篠原番所弥五右衛門は、かねてから唐津領内のことや関所通行者の情報など気を遣ってしらせてくれるので、以後もいい付き合いができるよう、五升入り一樽、ヤスミ二つ簀巻きにして一つずつ、北嶋宗二郎が届けることになった。

ヤスミはメナダの異称。ボラの仲間でボラよりも美味、と魚類図鑑にある。北嶋宗二郎は、『葉隠研究』84号拙稿の中で述べたように、元禄七年、厳木大庄屋から鉄炮持ちの派遣を要請された多久領役人であるが、すでにこのような親密な付き合いがあっていたらしい。

酒肴の贈与は多久側からだけでなく厳木側からもあり、互酬化・慣例化していたかのようである。元禄八年（一六九五）六月二十一日付の次の記事がある。（刊行本第五巻六ページ）

一　唐津篠原村庄屋が村の三人の年寄をつれて、小侍番所石井忠兵衛のところへ酒を持ってきた。この返礼をどうしたらいいか、忠兵衛から多久会所へ相談があり多久からこちら（多久家佐賀屋敷）へ問い合わせがあったので、領主の御意を伺ったところ、「あちらから酒肴を持参されたということは、（厳木と多久は）隣同士のよしみでかねてからいい付き合いができているということなので、こちらからも、それ相応の軽い程度の酒肴を送ればよい」との仰せであった。その趣旨を忠兵衛に伝えるようにと（多久会所役）田中吉左衛門へ伝達した。

『葉隠研究』84号では、前年七月、厳木大庄屋から「自分の山の猪狩のため多久から鉄炮持ちを派遣してほしい」と頼まれた多久家中堅武士の北嶋宗二郎が「この頼みを断ると、以後、小侍番所と厳木とのつきあいに支障がある」と懸念しているが、実態は鉄炮持ちの派遣を断っても円滑なつきあいが続いていたことがわかる。

抜け道を通って相互往来

多久領役人と厳木庄屋という組織としてのつきあいに対し、住民同士の交流はどのような様子であったか、「御屋形日記」元禄九年（一六九六）六月晦日付の記事（刊行本第五巻一一一ページ）によれば、地域住民同士の交流の実情は、関所は通らず抜け道を通っての自由通行が常態化していたようである。

一　唐津領の者が、切手（通行許可証）なしに抜け道を通って多数通行していることが耳に入ったので、御僉議（重役会議）があり、「以後は切手なしに多久領へ来ないように」ということを、小侍庄屋から厳木庄屋へ申し入れするように仰せ付けられた。その通り申し入れをした。
そのときの唐津側からの取合（返答）の模様を書いた書状が多久会所から（多久家佐賀屋敷へ）来た。こちらから申し入れをしたことでもあるので、多久領分の者は決して切手・板札なしに抜け道を通って唐津領へ行かないように。また、万一、切手・板札なしに唐津領から多久へ来た者については、どんなに親しい知人であっても一泊もさせてはならない。切手・板札を持っている者であっても、街道筋の宿以外に宿泊させてはならないことを、多久領内へ厳しく触れ回した。

唐津藩領厳木側からの抜け道通行が看過できないほどに恒常化していることに対して、掟を守って通行するよう厳木側へ申し入れをしたのであろうが、早速厳木側から、多久側も掟を守るようにと反論されたらしい。江戸時代には別府（現・多久市東多久町）で月六回の六斎市が開かれていたので、交易のため唐津領から抜け道を通って多久へ来たり、多久領の者が緑肥用の草を刈るために厳木の山中に行ったりする事例など、地域住民同士の交流は、藩境や番所とは関係なく自由往来が常態化していたようである。ここで紹介する藩境侵犯事件を未然に円満解決した事例も、藩境を越えた日常的親密な民間交流の実態があって成功したものである。

藩境侵犯発生

唐津藩では元禄四年（一六九一）、松平氏→土井氏の藩主交代があった。その十年後の元禄十四年、家老堀外記の領内巡見が行われることになったが、藩境侵犯はそのとき起きた。新郷権太左衛門（紛争の最終解決者となる地元在住の目付）からの第一報から始まる事件の顛末を「御屋形日記」はこと細かく記録している。長いので要点のみ意訳する。

（元禄十四年三月十九日付）

横柴折（現・多久市北多久町小侍横柴折）新郷権太左衛門が多久会所へ出した口上覚

一　当春中、唐津御家老堀外記殿が領内村々巡見されるしらせがありました。（中略）以前、小侍境街道筋に唐津側から多久の方まで道を作りかけたことがあり、そのときは木村進士兵衛殿・新郷又右衛門殿（ともに多久家家臣）が見分されました。ところが今度、唐津側から道掃除を仕掛け、藩境よりも多久領内におよそ七間ばかり道を作りかけ、そのうえ左右に小松を植え、高さ三尺の塚を新しく築いておりますす。

一　以前、縄（測量縄）を引いて決めた藩境へは、こちらから石を左右に二つはめ置いていたところ、今度、右の石一つを取り除けられております。（中略）

右のことについて今朝早速別府へ行き鷹田宗左衛門殿へ報告したところ、聞き届けていただき、「報告の大要は自分からも書面により多久会所へ報告するが、（権太左衛門も）会所へ行き直接報告するように」との指示があったので、申し上げる次第です。

三月十八日　　　　新郷権太左衛門

唐津家老堀外記の巡見にともない道作りがあり、以前に唐津側・多久側で藩境を確認していたにもかかわらず、今度道掃除と称して、唐津側から藩境を越え多久側へ七間（約13メートル）ばかり入り込んで道を作り、道の左右に松を植え、高さ三尺（約90センチ）の境界塚を新設したというのである。唐津側の意図は不明だが、これは明らかな藩境侵犯行為である。靍田宗左衛門は新郷権太左衛門の上司である。この時代、上部段階への報告や陳情は定められた手順ルートに従うことになっていたので、権太左衛門は、まず上司である靍田宗左衛門へ報告し指示を受けた上で口上書を提出した。

同じ情報が靍田宗左衛門からも多久会所へ伝えられ、副嶋柳左衛門（多久会所役）から多久家佐賀屋敷へ通報があったので、家老権兵衛殿へ伝えたところ、次のような仰せ付けがあった。

（前略）

一　急いで小侍境を見分すべきである。そのメンバーは、靍田宗左衛門・新郷又右衛門・野田五郎右衛門の三人で急ぎ小侍へ行き、見分の上絵図を作り佐賀へ送るように。

一　最初唐津から道を作りかけ、その後こちらからも道を作ったとのことであるが、その詳しいいきさつを記した書面を佐賀へ持参するように。

一　今度、右の場所へ唐津領から、塚を築き小松を植え石を取り除けたことは、唐津の城中からの内證差図（内密の指示）であったのか、そのあたりの事情が分かったらそれも書面にして持参するように。（後略）

権太左衛門の腹芸が成功

仰せ付けを受けて鶴田宗左衛門ら三人は、早速翌二十日に厳木の庄屋へ聞き合わせをしたが全く不首尾に終わった。それで三人が合議して地域の事情にくわしい権太左衛門へ丸投げしてしまうのだが、これが結果的に成功して円満解決する。ただ、権太左衛門と厳木の知人（あとで庄屋の従弟であることがわかる）との間に交わされたやりとりが面白い。両人は、事件は、事情を知らない若者たちが先走りして起こしたものであって厳木庄屋は知らなかった、という筋書きで話を合わせ、責任追及には深入りしないまま決着させるのである。

三月二十一日付の記事には、その顛末が、鶴田ら三人からの報告書の形でくわしく記されている。分割して引用する。

鶴田宗左衛門・新郷又右衛門・野田五郎右衛門から来た書状写

（前略）我々へ仰せ付けられた小侍境目の見分については、昨二十日、厳木の庄屋を訪ねて話を聞いたのですが、（真相は）全然わかりませんでした。それで、我々三人で相談して、小侍村目付権太左衛門へ「厳木庄屋周辺の人脈を頼り、少しも字に立てず（一切記録を残さないで）軽く問い合わせをしてほしい」と依頼しました。

多久役人の公式訪問では、庄屋も立場上うかつな発言はできず口をつぐんだままだったのであろう。公式交渉は失敗した。靏田ら三人は、打開策として小侍村目付権太左衛門へ、事が大袈裟にならないよう記録を残さず世間話として交渉するよう、草の根ベースでの交渉を依頼した。

（承前）二十一日早天（権太左衛門は）田のやしない草（緑肥用の草）を買いに来たという口実で庄屋近辺の知人宅を訪ね、草買いの相談をしたついでの話として「一日二日前、篠原《ささばる》境目の道作りがあったようだが、境界を越えて多久領まで入り込み、小塚を築き小松など植えてあるようです。たぶん童（思慮の足りない若い連中）の仕業かと思われますが、多久領の方にも道を管理する役人がおります。もし近日中に見分に見えて、どうしたことかと問われたら、われわれの管理不十分を問われそうで心配です。庄屋さんたちもご存じのことなのか尋ねていただき、願いは、急いで塚を切り崩し松も引き捨てていただきたいと思います」と話した。
それに対し相手からは、「このことは庄屋は知らないことです。たぶん若者たちの麤相《そそう》（軽率な）な仕業だと思います。庄屋へも尋ねてみます」とのことであった。

権太左衛門は、草買い商談のついでの世間話として本命の用件に入っているが、事情を知らない若者たちの仕業ではないか、と初めから相手の逃げ道をつくってやった上で原状回復措置だけを求め、相手もそれに乗ってきている。記録を残す公式交渉ではできない腹芸である。

（承前）（権太左衛門の談合相手が厳木庄屋へ問い合わせた結果として）権太左衛門への返答は、「庄屋は全然知らなかったようです。道作りを担当したのは柳双原（現在の地名不明）の者ですが、もともと境界のことなど無知の若い者たちがやったことなので、一日二日のうちに道を作り直し崩させます、と庄屋が言っています」とのことであったと、権太左衛門から我々に報告がありました。

道作りを担当したのは違う集落の者なので庄屋は知らなかった、というのである。逃げ道をつくってもらっていたので返答しやすかったであろう。原状回復措置はその日のうちになされたらしく、三人による次の記事がある。

一　見分のため境目へ行きました。一人先行して様子を見ていたところ、あちらから四五人境塚の所へ来て見分していたので、我々は山陰から見ていました。彼らが帰ったあと現場を見たところ、もはや塚は切り崩し、植芝は道に取り散らし、小松も引き捨てられ全然問題ありませんでした。

また、（権太左衛門からの報告によれば）権太左衛門の談合相手である七平が権太左衛門宅へ来て、次のように話したそうです。

「今朝拙宅でお話していただいた道境のことが気になっておりました。ご存じのとおり庄屋は私の従弟なので彼の落ち度になってはいけないので、さっき塚を切り崩し取り除けました。若い者共の軽率な仕業によりご迷惑をかけ大変恐縮しております。急いでお詫びを申し上げに参りました」

これに対し権太左衛門も「ご念入りなお心遣い、他人行儀にわざわざお出でいただくほどのことはありません。ご心配なさるのも尤もですが、もう全く問題はありませんから気になさることはありません」と言ったとのことです。（後略）

役人の交渉では埒が明かなかった藩境侵犯事件が、権太左衛門と庄屋の従弟七平との阿吽の呼吸ともいうべき腹芸によって解決した。事がこのようにうまく運んだのは、前から見てきたように、多久・厳木間地域同士の草の根交流の歴史集積があって可能となったものといえる。

それに加えて、佐賀藩には公訴となった福岡藩との藩境紛争（弁財公事）のために苦しんだ前史があり、境界紛争を表沙汰にせず内済で処理した方がよいという時代の空気も影響していたかと思われる。『葉隠』の中の「弁財公事」関連で次のような逸話がある。

「弁財公事」の影響

福岡藩と佐賀藩の藩境紛争「弁財公事」は、元禄五年（一六九二）七月、福岡側からの幕府提訴により公儀裁判となったが、翌六年十月佐賀側が勝訴した。そのとき、佐賀藩士石田五左衛門は、地元久保山村庄屋に仮装し出廷・証言する。勝訴しての帰途、元結いを切り断髪する。その理由を問われたことに対し彼は、「今度の公事に一命を捨て置き候。利運に成り候上は、何も世に望これ無く候。是より遁世の所存に候。」と言った（栗原本九一四項）。

また、栗原本の九一三項には、弁財公事のため江戸へ派遣されるメンバーのうち大木左助について、鍋島普周という人が次のように言ったと記されている。

「今度の役人、大木左助仰付られ候へかし。其の仔細は、今度の公事、万一負けになり候節は、江戸にて腹を切らねばならぬ事なり。左助は、其の心得あるものにて候。」

公儀裁判に出廷するについては一命を捨てる覚悟が必要な時代であった。

一方、佐賀藩主鍋島光茂はこの勝訴を喜んでばかりはいなかった。栗原本五五四項には、参勤のため大坂逗留中、裁判勝訴の報を聞いた光茂は、「同役と云ひ、隣国の事なるに、笑止の事」と言った記事があり、また、「寛元事記第八」（『佐賀県史料集成』第一編第三巻）には、「勝利ニ被仰出ハ有難事也、乍然右衛門佐殿トハ已前懇意ト云、長崎同番ナレハ、口事ニ勝タルトテ遮《たっ》テ可悦ニモアラス、必当地ニテ下々迄悦、何角不申扱様ニト被仰出」とあり、福岡藩主黒田綱政に同情の意を示し、佐賀領内が喜び騒がぬよう自粛を求めた記事がある。

この自粛を求める光茂の御触は実際に多久領の末端まで到達していた。勝訴から一か月後、元禄六年十一月八日付の「御屋形日記」に次の記事がある。（刊行本第四巻一四六ページ）

一 弁財嶽御裁許は御利運（勝訴）になった。このことについて、下々の者がいろいろ取沙汰（噂話）しないようにと諸与頭《くみがしら》・両代官・諸村気遣（各村に置かれた多久役所役人）より一人ずつ御屋形に召し出され、勘介殿（多久家家老）から直接仰せ渡しがあった。

いったん公訴になれば、一命を捨てる覚悟を要し、勝訴になったとしても相手への配慮は欠かせない。八年前の出来事なので当然、靍田ら三人もよく知っていたに違いない。

こうした背景もあって、靍田ら三人は、厳木庄屋に対し一回接触しただけで早々に切り上げ、地元目付の権太左衛門へ「人脈を頼り、少しも字に立てず」に世間話の中で交渉するよう依頼したものと思われる。権太左衛門は、相手に傷がつかないようあらかじめ逃げ道をつくって話を持ちかけ、それが成功した。

そうした腹芸が通用することを可能にしたのは、親密な草の根交流による成熟した相互関係が形成されていたことにあるのはいうまでもない。

（平成三十年八月）

パラダイムシフト時代の武士たち（二）

多久家文書のうち江戸時代の多久領役所の業務日記である「御屋形日記」は、天和二年（一六八二）から始まり明治三年（一八七〇）まで一八九年間にわたり間断なく書き継がれた多久の地域史料である。私たち「多久古文書学校」で取り組んでいる「御屋形日記」の会読は、元禄十四年（一七〇一）まで（資料集発行は元禄十年まで）を終えたところであるが、ちょうどこの時期は将軍徳川綱吉の治世時期にあたる。

綱吉は、「御屋形日記」が書き始められた二年前、延宝八年（一六八〇）五代将軍に就任するが、佐賀でも期待をもって話題にされていたらしい。『葉隠』栗原本八七一項に「石田一鼎、旧領地の者を使はずば名公方と、綱吉新将軍を評す」という表題の逸話がある。山本常朝の師石田一鼎が、岡部見理（宮内、鍋島勝茂室高源院の付き人として佐賀へ下り、後鍋島光茂の年寄役）を訪ねたとき、綱吉新将軍就任のことが話題になり、一鼎が、「出身藩の館林の家臣を一人も手元に召使われないとなれば、よい将軍ということになろう」と話し、岡部見理も同意したというものである。新将軍に対する期待感が窺われる。

綱吉将軍の評価は、いまだに毀誉褒貶定まらない感じであるが、在世中、それまでの武勇尊重思想を後退させ、武家諸法度改正、服忌令、生類憐み令乱発など、武断政治から文治政治への転換を少々強引なやり方で推進した。これを受けて平和な歳月の中で、世の中全体の仕組みや思想風潮、価値観もゆるやかに変貌を遂げていった。いわゆる「パラダイムシフト」が進行していった。

こうした流れの中で、必ずしも新しい時代の価値観がよく呑み込めない、または、よく対応できない人々がいた。『葉隠研究』81号の拙稿でその一例を紹介したが、本稿では多久家文書の「水江臣記」や「御屋形日記」に出てくる別の群像を紹介したい。

主家に敵対した先祖を自慢する多久会所役

元禄七年（一六九四）ごろ、徳永八郎左衛門という多久会所役の武士がいた。会所役というのは、多久会所（現在の多久市立病院あたりにあった）に勤務して、佐賀城内にある多久家佐賀屋敷（多久領主多久茂文および当番家老ら重役が在勤）からの命令や指示を受け、多久に居住する武士や領民に伝達して実施させ、実施の状況や結果を佐賀へ報告する、いわば多久現地の総支配人という立場の重要な役職である。徳永家系図により年齢を推測すれば、このころ五〇歳代前半の人と思われる。

このころ編纂された「水江臣記」（刊本は文献出版社）という多久家家臣（寺社家、職人、庄屋なども含む）の由緒書集があり、彼が徳永八良左衛門の名で提出した徳永家の由緒書も収録されているが、その内容のほとんど（全一一項目中九項目）は彼の曾祖父道雪の武勇伝記事である。原文抜粋を意訳して紹介する。

（「水江臣記」巻第一　徳永八良左衛門の部）

（冒頭の二項目省略）

一　道雪がまだ長信様に召し出される前は方々転戦し、多久にも度々攻め入り、やすまく（野戦時の主将の屯所）までもちょいちょい攻め込んだものである。その時分、別府の殿田という所で（多久の）西岡何某を鉄炮で打ち殺した。首を取ろうと思ったが、（多久の）北村掃部が弓を打ち掛けてきたので果たすことができず帰った。

一　多久勢は堂手か原、南目勢は志久峠に陣をとって、互いに物見に出かけ、（南目勢の道雪は）志久峠の北のところで偶然（多久勢の）野田与七郎に出会い組み打ちになり、与七郎を討ち取った。（このあとに続く文章の意味を私は十分解釈できないので、読み下し文で記す）壱ツ首に候間、返し申す由にて、高尾平と申す所より首を握り下り（握り下げかも？）申し候事（後略）

多久家に敵対し数々の戦果をあげた先祖の武勇とすさまじい戦闘の模様が、実に生々しく迫真性を以て誇らしく語られている。

しかし、これを書いた徳永八郎左衛門は、今や多久家に仕え、自分の先祖道雪が多久家の戦士を殺戮し、道雪が攻め込み戦った当時の主戦場であったところの多久地域を統治する総支配人的立場にいる人である。しかも、殺された西岡（隼人）や野田与七郎の子孫は同僚として現在多久家に仕えている。彼の頭の中では、現在の主家に対する忠誠心よりも、先祖の武勇を誇りとする価値観がまだ優位にあったのであろうか。

これより前、天和三年（一六八三）将軍徳川綱吉は、元和元年（一六一五）制定の「武家諸法度」の第一条「文武弓道の道専ら相嗜むべき事」を「文武忠孝を励し礼儀を正すべき事」と改め文治主義への方針転換を示した。武士が心得べき最重要事は、「弓馬の道」ではなく「忠孝と礼儀」になった。主君への忠誠と礼儀の徹底による上下の秩序維持を求めたのである。この条目はただちに佐賀へも伝えられている（『光茂公譜考補地取二』（『佐賀県近世史料』第一編第三巻）天和三年七月二十五日条）。

徳永八郎左衛門は多久の会所役という要職にあって、多久家による多久領支配統治の維持推進のため超多忙な日々を送っている。それはすなわち、主君に対する忠誠の具体的行動に外ならない。現実には、上から示された新しい行動方針に従い体制の中で誠実に主君に忠誠を尽くしながらも、頭の中では新しい価値観への切り替えがなかなか難しかったということであろう。

主君名代の寺参を断った上士たち

元禄十年（一六九七）七月のお盆に、多久家の有力家臣八人が、主君多久茂文名代としての寺参りなど、公務出張命令に従わなかったとして懲戒処分を受ける出来事があった。代表的事例として石井太郎右衛門への申し渡しを引用する。

（元禄十年七月廿七日付　刊行本第五巻二五五ページ）

一石井太郎右衛門へ仰せ聞かす。去る十四日・十五日に、（主君の）名代として鷺山（小城藩菩提寺の星巖寺）、圓通寺（佐賀藩が外護する臨済宗法頭寺院）へ（お盆の）拝塔（寺参り）に行くようにとの指示をすぐに受け入れなかったので、南里三郎左衛門と相談のうえ田中吉左衛門から正式に指示したが、病気と言って断った。しかし、十五日には（地元の）福聚寺・相浦永福寺・長生寺へ自分の拝塔として行っている。これはお上を軽視して公務遂行を怠るという自分勝手な行動で不届き千万である。これにより、御叱逼塞を申し付ける。以後このようなことがないようよくよく自重されたい。

石井太郎右衛門へ、お盆の十五日に主君名代として小城の二寺へお盆の寺参りに行くようにとの指示に対し、太郎右衛門があれこれ言って受けなかったので、相談役格の重鎮南里三郎左衛門へも相談したうえで、連絡役の田中吉左衛門から正式に出張命令をした。しかし、石井太郎右衛門は病気と言ってそれを断った。それにもかかわらず石井は、十五日に地元の三寺へ自分の寺参りをしていた、というのである。

これは明らかな公務不履行という職務違反であり処罰を受けるのは当然である。ただ、問題は、同様事例が石井を含め同時に八人あり、それが多久家譜代の上級家臣ばかりであった。他の七人は次のとおりである。

野田忠右衛門と中西孫兵衛は、石井と同じく鷺山と圓通寺への名代寺参りを断り、野田は御叱逼塞、中西は御叱捨。吉岡重四郎と鸖田宗左衛門と今村弥二郎は佐賀にある寺々の施餓鬼名代を断り、吉岡は御叱逼塞、鸖田と今村は御叱捨。福地九左衛門と狩野弥一兵衛は盆灯炉番（場所不明）を断り御叱捨になっている。

八人のうち狩野は平士ランクの侍通身分《さむらいどおり》であるが、他の七人はいずれも最上級ランクの馬乗《うまのり》通身分《どおり》である。一見すると、上級家臣が申し合わせて業務拒否をしたかのような一種のお家騒動を想像したりするが、実態はそれほど深刻なものではなかったらしい。

というのは、四か月後の「御屋形日記」に次の記事がある。

（元禄十年十一月十八日付　刊行本編集中）

一以前不届きがあって懲罰された面々へ去る十六日御赦免があった。右の委細を記載した刑罰帳の記録も抹消する。名書は次のとおり。吉岡重四郎、石井太郎右衛門、野田忠右衛門。

さきに御叱逼塞を仰せ付けられた吉岡、石井、野田、三人の懲罰を赦免し、刑罰帳の記録

も抹消するという異例の処置である。（中西、靏田、今村、福地、狩野ら五人の処分は御叱捨なのでもともと刑罰帳記載はない）

それでは、この出来事の真相・背景は何だったのかというのが気になる。そのことを記録により確かめることはできないが、私は次のように考える。

新しい時代への不適応

多久領主の多久茂文は、前年九月、二十八歳にして佐賀本藩の請役（佐賀藩行政全体の統括責任者）に就任していた。これらお盆の寺参りなどは佐賀本藩の恒例行事としてなされており、その役目が請役となった茂文に廻ってきたと考えられる。多久家としては初めてのことだったはずである。

名代として派遣する人物の人選は、当役家老らが相談役格の南里三郎左衛門などの意見も聞いて決めたであろうが、当然最上級ランクの馬乗通《うまのりどおり》諸家の人物が候補になる。候補者へはあらかじめ根回しをした上で出張命令したが病気を理由に断られた―というのが実態であったと思われる。同じ理由で懲戒処分を受けた者が複数人いることは、次々に指名された者が揃って断ったということであろう。断る理由が揃って病気というのが一見奇異に感じるが、当時の公務出張命令は基本的にすべて軍役と考えられ病者は除外されていたものである。他の事例でも公務出張を断る時の理由のほとんどは病気となっている。

多久家の上級家臣たちは、なぜ出張命令を断ったのか。それは、公式行事参加に必須の儀礼作法が身についておらず、誤りなく役目を果たす自信がなかったからだと思われる。

時の将軍徳川綱吉は、将軍家を頂点とした上下の身分序列を明確化し、それを視覚的に認識させる手法として、公式行事などにおける儀礼作法を重視し励行を求めた。そうした当時の時代背景があった。元禄十四年に起こった浅野内匠頭の殿中刃傷事件は、煩瑣な公式行事の儀礼作法に不馴れで、うまく対応できなかった若い大名の暴発と解釈することもできる。

そのような時代背景の中で、多久家の実情はどのようなものだったか。多久家中の公式行事における儀礼対応の実情が分かる半年前の次の記事がある。長いので要点だけ抜粋して意訳する。

（元禄十年五月廿一日付　刊行本第五巻二一四～二一五ページ）

一四月七日お城において食事を差し上げられた。その日の中に上使として三上与惣左衛門殿が、（多久茂文）ご夫婦および多久家中への御拝領物を持って来られた。そのことは前もって分かっていたので、多久二郎大夫と多久平内が相談したうえで、二郎大夫が対応することになっていた。ところが当日、二郎大夫は別事に関わってとうとう来なかった。別人が対応したが予備知識がないので、上使への対応や御拝領物の受け取りなど混乱し「言語道断」の有様であった。（中略）

多久二郎大夫は、武雄後藤氏の血筋を引く家老家の出身で、元禄二年に死去した家老多久市佑は実兄である。そのような多久家の指導者的立場にある彼が、本藩上使の接待責任者でありながらその役を果たさなかったということは、二郎大夫がこうした公式行事の重要性を全然認識していなかったということである。

さらにこれに続けて、その場に居合わせながら連携協力しなかった人たちの名が記されている。

（承前）右の節、式台へ待機中で、御拝領物を奥の方へ持ち運ぶ人手が足りないことを知りながら手助けしなかった吉岡重四郎・相浦幸左衛門・川波所左衛門へは、多久において南里三郎左衛門から申し聞かせするように。また、執行久大夫・鶴田六右衛門の二

人は内玄関にいたので、（家老の）与兵衛殿が持ち運びを手伝うように声を掛けたが、とうとう立ち上がらなかった。（中略）

これらの人たちはいずれも多久家の上士クラスである。施餓鬼名代を断った吉岡重四郎はここでも動きが悪い。拝領物は一応奥へ運ばれたが、その陳列の仕方もよくなかった。

（承前）最初二郎大夫から拝領物の持ち運び役に申し付けられていた下村小平次・古賀半蔵・江口文五郎の三人は、運び役は果たしたものの、拝領物の陳列の仕方がよくなかった。彼らは年若いので、壺の置き方、酒樽の向け方など前もって稽古させておくべきであった。（後略）

この記事の内容は、領主茂文の意向を受けて記されたものである。記事を通して見えるのは、多久家の家臣全体が、上下を問わず公式行事の重要性認識や対応方法、儀礼作法について全く無知・無関心な状態にあったことが露呈している。

一方、公式参拝を受ける格式ある寺社（藩主家の菩提寺や関係の深い寺社）側では、比較的早い時期から参拝儀礼についてのマニュアルができていたようである。

一例として、『佐賀県近世史料』第十編第二巻に「高傳寺其外御堂参之一通」という標題の史料が収録されている。これは佐賀藩主が菩提寺高傳寺や藩主家と関係の深い寺へ参拝するときのやりかたを整理記録した参拝マニュアルであるが、正月と不時（それ以外の時期）、法事、施餓鬼、それぞれの場合に分けて記述され、加えて龍泰寺・天祐寺・宗智寺など関係の深い七寺への御正当、盆、御法事のときの参拝について、行動要領と儀礼、服装、随行人員までこと細かく定めている。

この史料は享保十八年（一七三三）のものとされるが、実際には相当以前から行われていた参拝儀礼を集約整理したもので、三支藩の菩提寺などでも同様であったと思われる。

前述のように、多久家中全体が公式行事の儀礼対応に無知な状況の中で、突然小城藩の菩提寺や佐賀の寺々へ領主名代として公式参拝を命じられた多久の上士たちは、大いに当惑したと思われる。とっさに病気と言い立てて命令を断った、というのが真相であろう。この顛末をみて、ここにも新しい時代の作法にうまく適応できない人々がいた、と私は思った。

（平成三十一年二月）

多久茂辰の挑戦「問題手頭」

磨かれざる宝石的文書群「肥陽旧章録」

多久市郷土資料館には、佐賀藩大配分領主多久家に関係する中・近世の古文書・古記録「多久家文書」（佐賀県重要文化財）が所蔵されている。同資料館の『多久家資料及び後藤家文書目録』によれば、総点数約二九〇〇点に及ぶ。

そのうち鍋島勝茂書状などを中心とした書状群については、すでに『佐賀県史料集成』第八巻～第十巻として刊行され、二〇一四年からは東京大学史料編纂所小宮木代良教授を代表者とする共同研究グループに佐賀県内研究者も参加して深化した研究が進められ、その一端がこのほど『近世前期の公儀軍役負担と大名家』（岩田書院刊）として出版された。

また、天和二年（一六八二）から明治三年（一八七〇）まで一八九年にわたり書き継がれた江戸期多久領役所の業務日記「御屋形日記」一八九点については、私も席をおく多久古文書学校の企画として、全冊通読の翻刻資料集刊行を志して一九九七年から解読に取り組み、二〇〇四年刊行の第一巻を皮切りに、このほど第五巻（元禄七年八月～元禄十年八月）を完成させた。

これと併行して二〇〇四年から、多久家関連の中・近世文書が広範に収録された編纂史料「肥陽旧章録」二七冊の解読にも取り組んできた。「肥陽旧章録」は、原本はなく編者や編集目的、編集方針も不明である。収録された文書は、十一世紀末から十八世紀末まで広範にわたり、宛行状《あてがい》・軍忠状・書簡・覚書など多種多様のものが二七冊に無秩序に収録されている。まさに「磨かれざる宝石」的史料群であるが、ほとんどが未解明のままなので資料集刊行を志して取り組んでいるところである。

この「肥陽旧章録」の中に、満二十七歳にして鍋島勝茂から佐賀藩「家中万仕配《よろず》」（当役―佐賀藩行政部門の責任者）に取り立てられた多久美作茂辰が、七年後の寛永二十年（一六四三）、藩政運営について藩の重臣たちに諮問し回答を得た問答式記録「問題手頭」がある。年若い茂辰が、藩の宿老的人物、鍋島一門の上級家臣、勝茂の側近など藩政に影響力ある重臣一五人に対し再質問を含め容赦なく質問し、相手も腹蔵なく自説を述べるという、当時としては珍しい言論バトルの記録なので紹介したい。

多久茂辰と佐賀藩重臣との論争「問題手頭」

多久二代領主美作茂辰は、『葉隠』の中でも比較的登場頻度の多い人物である。とくに、佐賀藩初代藩主鍋島勝茂の後継者選びのとき、翁助（勝茂の孫、後の鍋島光茂）を推薦して翁助奥女中の小倉や小城藩主鍋島元茂と連携工作する逸話は有名である（栗原本五八七項）。

「手頭《てがしら》」とは佐賀特有の用語で、のちには定書や達書、刑罰の申し渡し書などにも使われるようになったが、このころは箇条書き文書を指していた。したがって、「問題手頭」とは現代の「質問状」、「諮問書」程度の意味であったろうと思われる。

質問の大項目は五項目ある。

1・当家（佐賀藩）の家風と諸国の家風の勝劣比較。
2・家臣は知行や権限にふさわしい奉公をしているか。
3・施政は御慈悲重視か理非厳正たるべきか。
4・時代の作法への追随、および公私金銀の備は如何にあるべきか。
5・御家の御大事とは何か。

さらに細目として、第1項の中に、①諸国との作法比較、②戦場における戦意の強弱、③家臣数の多少と戦力、④家臣への配慮、⑤百姓・職人・町人の処遇、の五項目を補足し、第

2項の細目として、①家老や諸役人の仕事ぶり、②与頭《くみがしら》の指導力、③御家への忠誠心、の三項目を補足して、大小一三項目の質問を用意している。

この後書きがきわめて挑戦的である。雰囲気を知ってもらうために原文の読み下し文を掲げる。

右条々、拙者不落着の所、書載申し候。御意分の通り御用捨無く、一ケ条宛御書き付け有るべく候。躰により二度も三度もをし返し（押し返し）吟味仕る所も御座有るべく候間、いよいよ其意を得られ、御用捨有るまじく候。已上

自分も分からないから遠慮なく意見を聞かせてほしい、と頼みながら、自分が納得できなければ、二度も三度も押し返して再質問すると書いている。実際に、多くの人に「重而問」として再質問をしている。その中でも特に多いのが鍋島舎人助である。

父親世代の大物と論戦

舎人助茂利は、鍋島清房（勝茂の祖父）の兄清泰の曽孫にあたる。若くして文禄の役に従

軍し、その後、戦国時代の豪族神代氏の遺風の残る山内《さんない》（現在の佐賀市富士町、三瀬村、神埼市脊振町一帯）代官として同地域の平穏な支配を確立するなど、出自、戦歴、行政実績ともに十分な佐賀藩の長老である。当時数え六十一歳。一方、茂辰は三十六歳。親子ほど年齢差のある長老に対し臆面もなく論戦を挑む。たとえば次のようである。

諸国との比較について、舎人助が「諸国の様子はよく知らないが、隣国よりは劣っているように思う」と答えたことに対し茂辰は、「諸国の様子をよく知らないまま劣っているとは頼りない。他家のよい所と当家の悪いところをよく比較して、劣っているところがあればそれを一々聞きたい」と再質問する。

舎人助は「他国は、戦時・平時を問わず役に立つことに専念し、金銭を使い果たしても、非常時用の金銭は具足箱に入れている、と聞く。当家は不必要の所に金をかけ役に立つことをしない。また、当家の家臣は身の程を知らず分過ぎの支出をして金銭を使い果たしているのは他国に劣っているのでそれを書いた」と再返答するが、茂辰は「ご意見は分かったが、この上は直接お話ししたい」として必ずしも納得した模様でもない。

また、家臣の人数の多少と戦力のことについて、舎人助が「他家より人数は多い。戦力として役に立つか立たないかについては、軍法御作法さえよく徹底しておれば人数の多少は問題にする必要はない」と答えたことに対し茂辰は、「人数の多少を問題にする必要はないとのことであるが、人数が過少の場合公儀御奉公への支障がないか、という点については考えなくてもいいのか、再度伺いたい」と再質問する。

舎人助は、「十分な雇用扶持体制が整わず、多人数抱えても円滑な活用はできない。分相応の人数を召し抱えるべきである。ただし、雇用扶持体制が十分であれば分過ぎの人数を抱えることも容認できる」と再返答し茂辰は了解している。

舎人助は、山内代官だけでなく鍋島・本庄両村代官も勤め地域事情にも詳しく、文禄の役参戦のほか、関ヶ原の役のとき、勢州野代撤退の殿《しんがり》を勤めるなど実戦での活躍歴もあることから、経験に基づく具体的現実的回答をしている。一方、茂辰は、舎人以外の回答者に対しても、自分の想定から外れた回答に対しては再質問を繰り返し、あらかじめ自分が思い描いた回答へ誘導しているかのような印象を受ける。

相互信頼に基づく論戦

年若い茂辰が当役という権限ある役職にあるとはいえ、父親世代の大長老に対しずけずけ論争を仕掛けるという構図は一見奇異に思える。しかし、前段としてすでに信頼関係が形成されていたようである。次の経緯がある。
茂辰は寛永十三年（一六三六）一月、勝茂から「家中万仕配《よろず》」（当役）を命じられるが、翌々年三月、「自分は病者で役職不適なので他の人に交代させてほしい」と訴える。しかし、勝茂から「病者かもしれないが、この先も万《よろず》気遣を続けるように」と押し止められる。その遣り取りの文書「鍋島勝茂書状」（多久家文書二〇七五、『佐賀県史料集成』第八巻一四五）の冒頭部分を読み下し文で引用する。

一拙者手前、手の廻りかね候儀、第一、某不捌け無調法に御座候。次に御留守中侍従様（鍋島勝茂）御為よき様にと気遣い仕り候人、諸岡彦右衛門・鍋嶋舎人、御目付より中野又右衛門、次に池野三郎右衛門、此者共の外立入心懸の方一人も御座無く候。少々存じ寄と候て申す人も御座候えども、多分は我々の依怙をのみ申され候条、承引致し難く候。（後略）

自分が職務を円滑に遂行できない第一の理由は自分に能力がないからだ、といい、第二に公平な立場で助言協力してくれるのは、諸岡彦右衛門、鍋嶋舎人、中野又右衛門、池野三郎右衛門の四人だけである、といっている。多久茂辰は早い時期からこの四人に厚い信頼を寄せていたことが分かる。四人のうち諸岡彦右衛門は質問対象者一五人の中に入っていないが、翌々年「非分の儀」があったとして知行を取り上げられたりしているから、隠れた事情があったのかもしれない。

中野又右衛門・池野三郎右衛門尉は対象者となっており、舎人助とともに再質問が他よりも多い。日ごろから信頼を寄せている彼らの本音を引き出す意図もあって無遠慮とも見える再質問を繰り返したように思われる。

信頼に応えて、舎人助も池野三郎右衛門尉も、再質問に対し当座だけでなく後日（舎人助は六日後、三郎右衛門尉は一二日後）にわたり丁寧な再返答をしている。とくに三郎右衛門尉の再返答は長文かつ詳細である。長文にわたるため全体の紹介はできないが、他家との勝劣比較について、当家の悪いところ、優れたところを紙数五丁にわたり具体的事例をあげて述べている。

たとえば当家の悪いところとして、舎人助が指摘したことと同じ「役に立つところは疎略にして、要らざるところに金を遣う」としているが、面白いのは当時の風俗にまで言及し、「馬数寄（好き）はやり（流行り）申し候えば、皆博労《ばくろう》（牛馬の売買や周旋を職業とする人）気質に罷り成る物にて候」、「弓はやり（流行り）申し候えば、懸（賭）の的博奕《まとばくち》に罷り成り候」と、「弓馬の道」の本質を忘れ流行に流されている風潮を嘆いている。

論議深まらなかった借銀問題

このように、テーマによっては相当立ち入った論議がなされているので、その限りにおいては茂辰も一応所期の目的を達することはできたと思うが、私は、この時期の重要課題であった借銀問題について全然論議が深まらなかった、というより、茂辰がこの問題について危機感を抱いていないかのような対応をしていることに大きな疑問を持っている。

借銀問題については、池野三郎右衛門尉が「借銀があっても当分は御家の支障にはならないかもしれないが、あまりにも多すぎる。年々の利払いも段々増えてくるので将来は利息の支払いができなくなるだろう。そうなれば貸主がいなくなって困る」と指摘したことに対し茂辰は、「借銀を返済する方策を提案されたい」と再質問する。三郎右衛門尉は、後日の再返答で「いろいろあるが、口頭説明したい」と答えて内容はわからない。

鍋嶋舎人助も、「御家の御大事」として、池野三郎右衛門尉と同じく「借銀が増えて貸主がいなくなる」ことを指摘している。これに対し茂辰は、「借銀が嵩んで潰れた大名はいない。（借銀問題は）それ程大事なことではない」と答える。納得できない舎人助は、「借銀のため潰れた例はないかもしれないが、一万貫目余の借銀が年々増えて行きやがて貸主がいなくなるのは御家の危機である」と反論するが茂辰は、「これは安き仕様御座有るべく候。大事に及びまじく候」と取り合わない。

真面目な舎人助はどうしても納得できない。六日後、再々返答書を送る。「安き仕様があるとのこと、それは幸いなことだが、油断して解決が長引けば大破になり手が付けられなくなると懸念して申し上げている」と書く。これに対し茂辰は、「借銀で大破になり御家が滅ぶような場合の仕様は存じているので面談にて説明したい」と翌日付の返信に書いている。

実際のところ茂辰は、金の調達にはそれほど危機感を持っていなかったのかもしれない。翌年五月九日付で中野数馬佐に「問題手頭」の総括報告書（多久家文書一八〇三、『佐賀県史料集成』第十巻七一五）を提出するが、その中で「殿様に必要な金銀の不自由はさせない」と言い切っている。

殿様に不自由させない金銀調達について、茂辰がどのような秘策を持っていたか知りたいものであるが、茂辰はその翌々年、返済不能の私借銀をつくったとして罷免されたので真相は謎のままである。

模範答案的報告書

前述のように、茂辰は問答の結果を取りまとめて、鍋島勝茂側近の中野数馬佐へ書状を以て報告しているが、長文であるので設問ごとの回答部分を要約して次に掲げる。

1　当家の家風は、数代続いた家柄でもあり比類ないほどすぐれている。ただし、細部では他家に劣るところもある。

○全国との作法の差は多少の出入りはあるが、おおよそ諸国並みである。

○軍事力・戦意も強いが、どこかの家よりは劣っているところがあるかもしれない。

○家臣の数は他家より多い。上方などに比べると不器用で行儀を知らない。

○家臣に対する藩主の情け深さは比類ないが、家臣側ではあまりそれを感じていないのではないか。

○農民に対しては他家よりやわらかである。他国に比べ衣・食・家とも増えており、年貢未納の農民でも潰されずに続いている。

2　家臣たちは知行相当の奉公はできていない。

○家老などの役人は、当座の仕事は果たしているが、十分とはいえない。

○与頭《くみがしら》は配下の与力たち各人の性格や能力に応じた指導力を発揮していない。
○身分の高下によらずみんな御家のためを思っているが、厚薄の差はある。

3 御慈悲をなされることが御家長久のためになる。しかし、無差別に慈悲をかけると非義の者が驕り真面目な人が不満を持つ。理非厳正になさるべきである。

4 時代に合った作法（法制・制度）でなければならない。その上で御家風を残すべきである。殿様に必要な公私にわたる金銀調達について不自由をおかけすることはないと思う。

5 御家の御大事と御家永続については、藩内すべての人が御家のためということを最優先に心がけておくことが大事である。ただ、それぞれの考えが区々であっては方向を誤る。善悪によらず殿様が方向付けを適時迅速にしていただければ御家も永続すると思う。これ以上は殿様の胸中のことなので申し上げない。

抽象的で具体性のない模範答案的要約報告である。容赦ない再質問で本音を引き出し具体的情報を得ておりながら、それが文面に反映されていない。たとえば家風について、鍋嶋舎人助からも池野三郎右衛門からも「不必要の所に金をかけ大事なところを疎略にしている」

と悪弊を指摘されているにもかかわらず、報告文では、当家の家風は数代続いた家柄でもあり比類ないほどすぐれている、とした上で、「…但し、細割《こまわり》一々引き合い候わば、事により諸家には劣り候所も御座有るべき哉の事」と細事の一つとして丸められている。借銀問題についての茂辰の扱いは前述のとおりである。

この報告書は藩主鍋島勝茂へ上覧された。勝茂は七月十日付で「右の条々見届け其の意を得候、其方心懸け念入り候段、案中ながら尤の儀に候」と満足の文言を裏書きしている。

多久茂辰には、最初からこのような模範答案（藩主勝茂の施政に問題はない）をつくることが念頭にあったのかもしれない。借銀問題についても、勝茂に心配させないよう論議に深入りしなかった、とも考えられる。

史料「問題手頭」は、佐賀藩初期の藩政に関与していた重臣たちの本音の証言集として、また、当役多久茂辰の人物を考えるうえで大変興味深い史料である。

（令和元年九月）

附録

『御屋形日記』第三巻、第四巻、第五巻の「解題」

それぞれの巻の、とくに冒頭の説明部分には内容の重複があり、本書の読者には煩わしい思いを抱かせるかと思う。しかし、『御屋形日記』各巻の「解題」として、独立し、完結している稿であり、お許しをいただきたい。

筆者・片倉日龍雄

『佐賀藩多久領 御屋形日記』第三巻

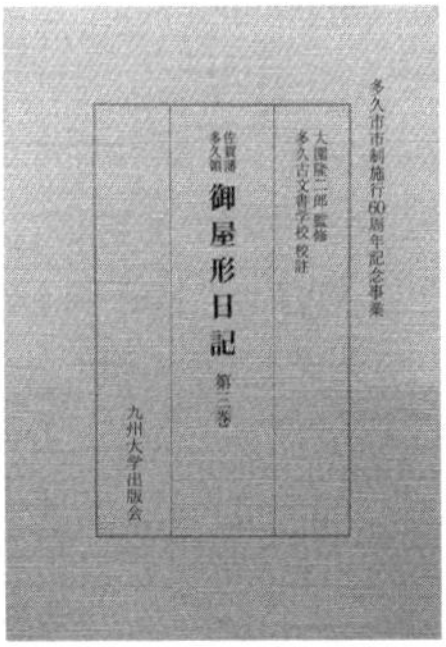

発行　平成二十六年十二月一日
監修　大園隆二郎
編集　多久市教育委員会
編集協力　多久古文書の村
校註　多久古文書学校
発行所　(一財)九州大学出版会

佐賀県多久市の市制施行六十周年記念事業の一つに採用され、発行が実現した。編集作業を進めていた平成二十六年三月に、多久古文書学校の創立者であり、本書の編集責任者でもあった細川章氏の逝去という悲しみに見舞われたが、病を押して最期まで編集に加わり、細かく指導された氏の毅然として優しい姿が、われわれの力となり、同年暮れ無事に完成させることができた。

収録年代は元禄三年(一六九〇)~元禄五年(一六九二)で、多久領主は佐賀藩主鍋島光茂の子で多久茂矩の養子となった茂文の、二十二歳から二十四歳の時期にあたる。

当時の時代を反映した記事として、五代将軍綱吉による「生類憐み令」の地域における実施状況や、給米の強制拠出「出米」の実施による「内證差問」(いわゆる家計困窮)などがある。

第三巻　解題

史料構成と人脈

第三巻は元禄三年八月十二日より同五年七月晦日までを収録する。原本は多久市郷土資料館所蔵「多久家文書」の登録番号（三）である。当該番号史料は五分冊で構成されているが、資料集『御屋形日記』として出版するにあたり、各巻の収録ページ数の平準化を考慮し、本巻には四分冊分を収録した。

原本の体裁は、第一巻・第二巻と同じ美濃判書冊形式で、表題紙には「元禄三年午八月ヨリ同六年酉二月半迄　御屋形日記」と書かれ、次葉からすぐに八月十二日付の本文が始まる。先の第二巻は元禄三年七月二十九日の記事で終わっている。その間の十一日分は、当初から存在しなかったものか、なにかの理由で欠けたものかは不明である。

なお、分冊ごとの表紙は、元禄四年五月二日記事の前、同年八月九日記事の前、同年十一月二十二日記事の前に、それぞれ付されている。

「御屋形日記」の成立や全体構成等についてはすでに第一巻で述べているので、ここでは主として第三巻について述べる。

この当時の多久領主は多久茂文である。本巻の中では、豆州様、御前（様）などの名で出てくる。茂文の家督相続の経過については第一巻の解題に記しているが、本巻の時期は、家督から四年後、二十二歳から二十四歳に当たる。領内統治についても、ある程度自信を持ち始めた時期かと思われるが、多久家伝来の事績をまとめた「水江事略」の茂文の部には、なぜかこの期間の記事がない。本巻はその空白を埋めることができる史料である。

領主を補佐する家老としては、七郎左衛門殿、与兵衛殿、杢允殿、権兵衛（采女）殿の名が出てくる。七郎左衛門は元小城芦刈城に在った鴨打氏の家系であり、与兵衛、杢允は、いずれも多久初代安順の庶子の家系、権兵衛（采女）は多久二代茂辰の五男安輝の嫡男である。多久家老家はこの四家のほかに二家あるが、当主が若年のため、まだ家老役を勤めていない。多久領主家、および家老家の略系図は（別図）の通りである。

また、茂文の室・彦市は鍋島大和（和州様）の娘であり、村田宮内（宮内様）はその叔父（大和の弟）であり、鍋島弾右衛門（弾右衛門様）は茂文の異母弟であるなど、藩内他家と複雑な縁戚関係もあることから、藩内他家との関連を（別表）に整理した。

本巻の日記は多久家佐賀屋敷で書かれたものである。後年には、同じ時期に佐賀で書かれ

(別図) 御屋形日記関係略系図 (元禄 3 ～ 5 年頃)

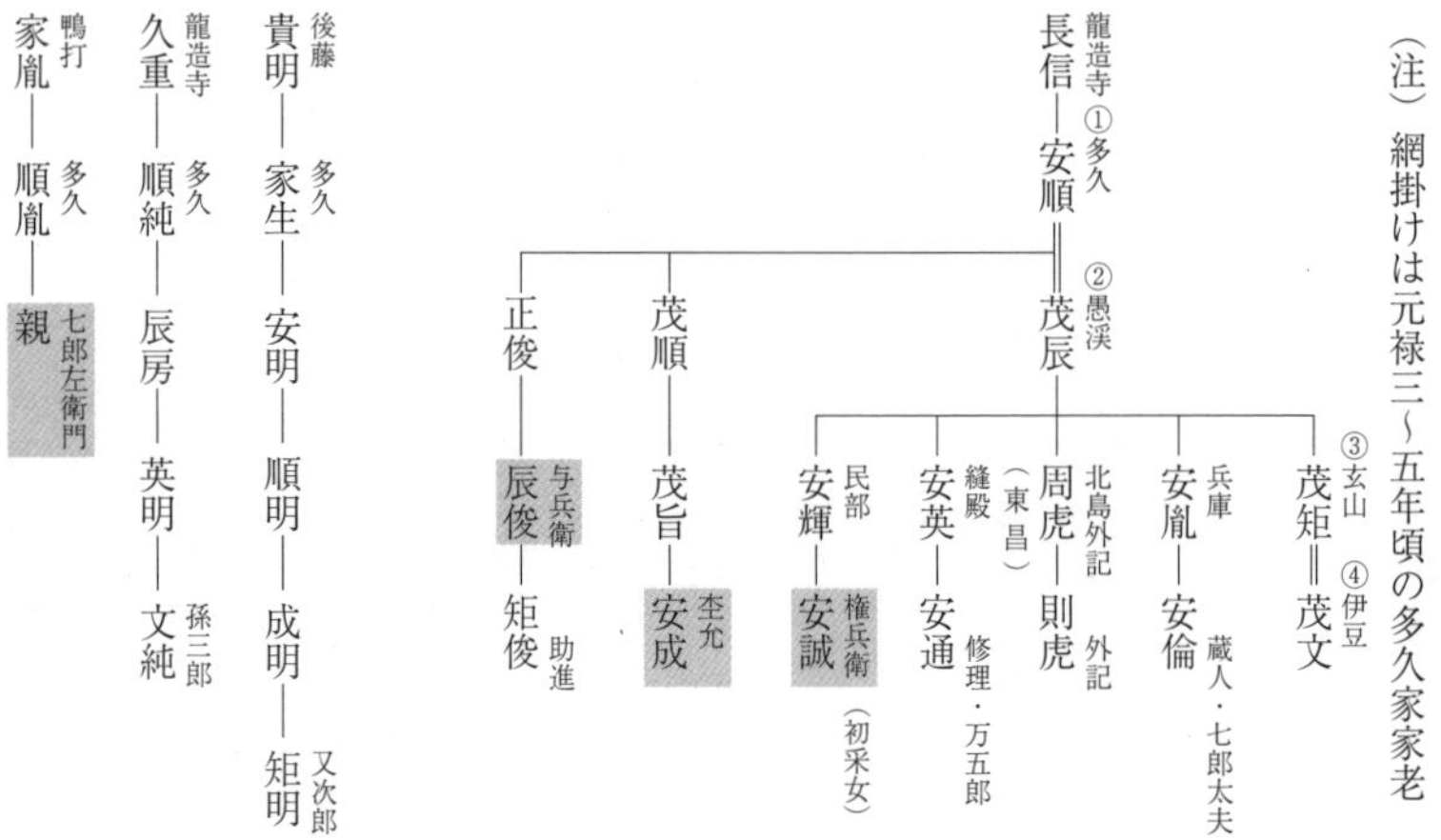

(別表) 元禄 3 ～ 5 年頃の佐賀藩内の領主など

藩主　鍋島光茂（丹後守）

	家名	実名	受領名・通称	参　　考
三家	小　城	鍋島元武	紀伊守	
	蓮　池	鍋島直之	摂津守	
	鹿　島	鍋島直條	備前守	
親類	白《シラ》　石《イシ》	鍋島直堯	大和、山城	多久茂文室彦市の父
	久保田	村田政辰	宮内	多久茂文室彦市の叔父
	川久保	神代《クマシロ》直長	左京、大和	鍋島勝茂の六男
	村　田	鍋島茂真	内記	鍋島光茂養子、実神代直長次男
*親類同格	多　久	多久茂文	伊豆	鍋島光茂庶子
	武　雄	鍋島茂紀	十左衛門、若狭	
	諫　早	諫早茂元	豊前	
	須　古	鍋島茂俊	八右衛門	元禄 5 年に嫡男市兵衛茂清へ家督
家老	横　岳	鍋島茂清	掃部、主水	多久茂矩女土吉の婚約者、その後土吉死去
	深　堀	深堀茂春	志摩	
	神《コウ》　代《ジロ》	鍋島嵩就	弥平左衛門	
	太　田	鍋島茂長	弾右衛門	実鍋島光茂男、元禄 5 年江戸餅木鍋島家へ養子
	姉　川	鍋島清長	図書	多久茂矩庶子清信が養子となる
	倉　町	鍋島茂敬	靭負	

*親類同格の名称は、正確には元禄12年 5 月以後の名称であるが、ここでは遡って使用した。

た分冊と多久で書かれた分冊が併存する年（例えば元禄十三年、同十四年）もあるが、本巻では各分冊とも、いろいろな指示命令が多久会所詰めの瀬田清左衛門や中西孫兵衛に対してなされた記述となっており、佐賀で書かれたものであることが分かる。

日記の筆者として、各分冊の表紙に、吉岡作右衛門、靏（鶴）田与左衛門、山村権平（弥二郎）、福地新左衛門らの名前が記されているが、いずれも多久では上士クラスの家系に属する人たちである。

「生類憐み令」の地域における実情

本巻には、この時代、全国的に吹き荒れた将軍綱吉の「生類憐み令」関連記事がいくつかある。第二巻の解題で、この禁令に対し多久領では比較的緩やかな運用がなされていたことを述べているが、本巻においてもそれが確認できる。

例えば、毎年の神事として「女山七郎宮祭」の「狩」が許可されており（一六七頁）、狩猟許可証である「鯢札」が猪・鹿、鳥類の食害対策として、諸村や武士に交付されている（四二頁ほか七件）。元禄五年五月には、七月までと限って「侍以下足軽迄渡世の為猟師狩」が許されている（二四七頁）。田地が少なく山間地である多久領にとって狩猟は生活手段の一部でもあり、その全面的な禁止は領民の暮らしを脅かすものであった。
また禁令の内容そのものについても、田畑を荒らす鳥獣に対して「威しのための鉄炮」は許容されていた模様であるが、その具体的実施要領について本藩鉄炮改め役へ問い合わせて得た回答は次のようである。

「在所へ被官、又内被官がおればその者が威し鉄炮を使ってもよい。また、帳面に登録された猟師や鉄砲所持者は、猪を打ちそれを売ってもよい。百姓は威し鉄炮を打ってはいけないことになっているが、猟師や被官がその村にいない時は、隣村などの猟師や被官に来てもらって威してもらえばいい。もし、猟目付の検問があったときは、「誰々の被官である」などはっきり説明すること」（七頁、筆者意訳）というもので、大変に現実的、弾力的な対応となっている。

また、多久領主家縁類の者に対して「鳥打ち」目的の鉄炮使用を認めた事例もあり（一六九頁、一二八頁）、これには一種の娯楽的要素が感じられなくもない。

将軍綱吉一家の犬愛好説が事実か否か、次のような興味深い記事もある。
元禄三年八月二十五日付、「鶴姫君様（のちに紀州綱教室となった綱吉息女）御用の由にて「ちん犬御探促」のうえ、差し出すようにと、佐賀本藩から指示があった（一三三頁）。多久領内を探したがすぐには見付からず、翌四年二月七日になってようやくオスのちん犬二匹が見付かった（七五頁）。しかし、翌々年の元禄五年四月十八日付記事では、一匹をお城へ差し出したところが、差し返されたとある（二三七頁、原文では「被入御意由ニ而被指返候」とあるが、意味から見て「不」を脱字していると思われる）。

くたびれ損の一年八か月がかりのちん犬騒動であったが、他領でも同様の騒ぎはあったのではなかろうか。なお、このちん犬探しにかかわった本藩役人として三人の名前が記されているが、このうち山本権之允とあるのは『葉隠』の口述者山本常朝のことである。

記事の分類

本巻記事の記載内容について、おおよその分類を試みた。

日記の一つ書きを一項目として数えると約七五〇項目ある（以下あくまで概数なので一〇単位で表記する）。これを武士関係と一般領民（含む寺社）関係に大別すると、武士五三〇、一般領民二二〇、七対三の比である。

武士関係では、多久領内の武士に関するものが四三〇と大半（八一％、全体の五七％）を占め、残り一〇〇が幕府・本藩や他領などとの対外関係である。

対外関係のうち幕府関係についてみると、一七〇〇年代中期以後には多数記録される幕府布令が、本巻では、包み銀の流通のさせ方を指示するもの一件のみである（一四六頁）。幕府の全国的法令支配は、まだ緩やかだったのであろう。

他領との関係では元禄四年二月の唐津藩主交代（松平→土井）に伴う動きの記事がある。多久は唐津と境界を接することから、本藩の意向も受けて新藩主入部について情報収集をしたり、使者や贈答品の往来など儀礼接遇も行われた（一〇九頁ほか九件）。

「御屋形日記」の大半を占める多久領内武士関係では、家臣に対する役職など職務指定や処遇・賞罰、出張等業務命令、縁組みや跡式相続、住居・生計・紛争処理までを含め、公私にわたる広範な事案が記録されている。「御屋形日記」が多久領役所の業務日誌であるという史料の性格を、そのまま反映しているといえよう。

下多久水出入究め

記事の大半は一件一項目で終わるものが多いが、同じ事案が継続して記録され、かつ詳細に記されたものも少なくない。その一部始終を追跡することで意外な実情が見えたりするのも「御屋形日記」の魅力である。

その一例として、「下多久水出入究」一件を紹介する。この関係記事は一一件ある。発端は、元禄三年六月の旱魃の折、「下多久よめ流」という所の井出（井堰）を下多久の者が不法に切り落とし、水取りをしたという、ありふれた「水争い」のようである（七一頁）。取り調べが進むにつれて、事件関係者は百姓たちだけではなく、武士身分の「村気遣」（各村に置かれた多久役所役人）も関わっているらしいことがわかり、究明担当者が増強される（六五頁）。究明の結果は、年末ぎりぎりにまとめられた（七一頁）。しかし、本件について「御僉議、御前聞召上られ、御仕置仰せ付け」られるのは翌四年八月二十一日のことである（一三〇頁）。何の理由でこのように遅くなったのか、じつは中西孫兵衛という地元の大物の存在があった。

同日付で、与兵衛、杢允、采女三家老から孫兵衛に対する回りくどいお叱りの記事がある。大意は次のとおりである。

「去年夏、よめ流の井出を不法に切り落とした下多久の関係者の名簿を提出するように、家老の七郎左衛門が命じたところ、名簿を出さないばかりか、言い訳の訴状を出してきたので七郎左衛門が叱った。その後、関係書類を紛失したという。役職者には書類保管の義務があるにもかかわらず、また、この事件には孫兵衛家中の者が関わっているにもかかわらず、紛失などとは大変な手落ち、失態である。二度とこのようなことがないよう、よく言い聞かせよと（茂文様から）いわれた」ので、相浦市右衛門と成富権右衛門、二人で孫兵衛へ伝達するように、というものである。また、「遠慮に及ばず」とも付け加えられており（一三二頁）、いかにも腫れ物に触るような「お叱り」である。

しかし、領主側には背に腹はかえられぬ事情もあった。「お叱り」の四日後の二十五日付で、孫兵衛は、瀬田清左衛門の後任として多久会所役を命じられ受諾している。会所役の職務は多久在住の武士たちに対し、佐賀にいる領主や家老からの指示命令を伝達執行したり、多久側のとりまとめをする領内統治の要職である。年若い領主茂文としては、瀬田清左衛門や中西孫兵衛のような、地元に押さえがきく実力者の協力を得る必要があった。茂文の権力基盤がまだ十分に固まってはいない実情が窺われる一件である。

「内證差閊え」の進行

この時期、多久領内武士の間に、領主側としても看過できない事態が進行していた。生活の困窮・逼迫を表す「内證差閊え」が拡大していたのである。

「内證差閊え」の記事は第一巻・第二巻でも見られるが、数は少ない。第一巻二件、第二巻八件であるが、第三巻では突然三一件と急増する。

「内證差問」への対応として、第一巻・第二巻では、有田や伊万里の窯業地へ出稼ぎに行ったり、子供を奉公や養子に出したり、縁者へ身を寄せたり、と基本的に自己責任原則で解決が図られているようである。しかし、第三巻になると事態は切迫する。「殊の外飢えに及」んでいることを組頭が通報して米一俵拝領したり（一〇二頁）、「内證指問え饑に及」んでいる通報に対し「御目付方」が確認した上で「飢飯米」が支給されたり（二二七頁）、緊急救済を必要とする事例が頻発している。「飢飯米」が支給された事例は一二件ある。

この事態を招いた大きな要因は、元禄三年秋から始まった「出米」と称する給米の強制拠出によると思われる。第二巻の「元禄三年六月二十五日付」に次の記事がある。

「与兵衛殿・七郎左衛門殿が来られて、多久家中の者へ出米を課する、と仰せられた。（賦課率は）百石以上六割半、百石以下六割、二十五石以下十石まで五割半、十石以下は五割、足軽五割（以下略）」（第二巻、一五五頁）。

すなわち、足軽や十石以下の小身者でも五〇％の強制拠出が課されたのである。これは「奉公差し免された者」に対する賦課率であり、常勤者に対しては軽減賦課率が適用されるのであるが、もともと多久領の実態は十石未満の小身者が大半（弘化三年の石寄帳では約六割）を占めていた。滞納者が出てもおかしくない。

これに対し多久領の重役会議では、元禄五年五月二日に「出米滞人、切地（知行地切り取り）にて御取なされ」ることが決められ（二四五頁）、取立役に相浦市右衛門、その下役に二名が任命されている（二四八頁）。この制度がいかに苛酷なものであったか推察できる。しかし、当時の佐賀藩主鍋島光茂の認識はいささか違っていた。これより九か月前、元禄四年八月二十三日付で次の記事がある。

「先ごろ殿様（藩主光茂）から、最近武士の風俗・品行が悪くなったので、今後のための心得として、遊出（仰せ出）があった。この内容について、佐賀在住の侍・職人・歩行まで集めて三家老から申し渡し、確認印を取った」というものである（一三三頁）。

このとき「親類中、家老中」へ宛てた遊出は、光茂の事績をまとめた「光茂公譜考補地取」（『佐賀県近世史料第一編第三巻』三〇四頁）に掲載されているが、次のようなものである。

「近年侍どもが、よくない行いで身上を潰す例が多くなった。侍以下の風俗の善悪は、親類・家老など重役の者それぞれに責任があり、自分の身元を固めるべきで、自分の家中へもしっかり申し聞かせるべきである。（重役たちが）職責遂行に尽力し、意思疎通を円滑にし、賞罰を適切に行えば、上下の格式乱れず、全体の風俗も自ずからよくなって行くものである」と言っている。

茂文も重役の一員としてこれを聞いたであろう。光茂は藩の重役に対し、身上を潰す生計破綻者は、すなわち品行不良者であると切り捨て、その多発は、重役たちの統治・統率能力の問題だと決めつけている。年若い茂文は、父であり主君である光茂へ忠誠を尽くすためにも、自領の経営権確立（歳入を確保し大配分の地位を守る）のため、あえて知行地切り取りを含む苛酷な出米を強行し、その補填策（あるいは弥縫策）として、飢飯米支給がなされたのではなかろうか。飢飯米支給記事の頻出について、そのような感想も浮かぶ。（註）

武士の生活困窮者に対しては飢飯米などの救済措置がなされたが、一般領民の困窮者に対してはどうだったたか。残念ながら、多久領役所からの救済記事は見当たらない。基本的に、一般領民については五人組合や庄屋・別当など村内で自己解決すべき、という村落自治の建前論が罷り通っていたのであろう。ただ、役人の中には篤志者もいた。篠川伊兵衛という北方担当の村気遣役が、大崎村の飢えた百姓に対し「自分に合力（自費で援助）致し」救済したとして、領主からお褒めを戴いた記事があり（一三六頁）、救われる思いがする。

一般領民関係記事では、人改め・領外への出入り・縁組み、請願、犯罪・治安・裁判など広義の民生関係が一六〇件で、大半（七三%、全体の二一%）を占め、寺社関係四〇、商工（鉱）業関係二〇である。

「年行司」の仕事

人改めや通行手形など、直接、地域の一般領民と深い関係があった「年行司」について述べる。

ふつう「年行司」というのは「江戸時代、年交代で五人組や株仲間など商工業の組合の事務にあたった人」（広辞苑）とされるが、佐賀藩においては、これとは全く趣きが異なり、早い時期から、領内の人別改めをはじめ領内外への人の出入管理統制など、強い権限を持つ侍固定役職として確立していた。年行司の職務内容が法令の形で体系化されたのは、明暦元年（一六五五）の「鳥ノ子御帳四」の「領中人改様申渡条々」である。年行司役所の日常主要業務は、佐賀領から他領へ出る者について往来切手（または板札）の発行、他領からの旅行者に対する滞在許可、転入者に対する居住許可などのほか、五人組を中心とした領民管理の徹底、人別改、不法入国防止等について、郡方・寺社方・町方・御蔵方などの各部門を越えて指示する幅広い権限を持っていた。本巻の年行司関係記事の大半は、往来切手や旅人の滞在日限、手続きなどに関するものである（一六頁など約二〇件）。往来札を汚して罰金を取られた例もある（八六頁）。

年行司の仕事で新たに加わったものがある。元禄四年八月朔日付「年行司掟写」（鍋島家文庫資料、鍋三二四－一三）中には、「下人方之掟」三九箇条を含んでいるが、「下人を抱候節は請人三人」を立てるよう定められ「恩銀借銀相滞候時は（請人）三人へ割付」ることとしている。当時、下人（被使用人）の雇用時には、雇用期間相当の恩銀（賃銀）が前払いされていたが、約束の期間勤められなかった場合、不足期間の恩銀を返納する定めがあり、本人または請人三人が連帯責任を負うことになっていた。

この掟はこの頃から実施されたらしく、関係記事は第三巻で初めて出てくる（三九頁）。元禄三年十一月十三日付記事に記された状況は次のとおりである。

「納所村百姓南助女房は、佐賀城下蓮池町の小柳貞右衛門の所へ今年（元禄三年）五月から来年暮れまで、恩銀一一〇匁をもらって勤める約束をしていた。九月十八日、女房は家に用があるので帰りたいと申し出た。貞右衛門は繁忙時なので駄目だと断ったにもかかわらず、彼女は勝手に納所村へ帰ってしまった。その後彼女は夫の南助を同道して再雇用を申し出たが、貞右衛門は断り、恩銀返還を求めて御年行司へ申し出た。御年行司から（多久役所へ）南助と請人を差し出せと指示があったので（多久役所役人の）執行久太夫が引き連れて出頭したところ、（年行司から）元銀一〇〇匁を十一月二十九日限りに貞右衛門へ返すよう申し渡された。（南助は）印判を押し、執行久太夫も奥印（確認印）を押した」

というものである。南助側からみれば、日常、お役所とはほとんど無縁のはずで、女房の約束違いはあったとしても、突然、多久の在所からはるばる佐賀の役所へ呼び出され、科人裁きのような扱いを受けるとは思いもよらず、大変驚いたに違いない。なぜこのようなやりかたが行われるようになったかは不明であるが、第一巻・第二巻には関係記事がなく、この記事が初出であること、「下人掟」の制定が元禄四年八月であることなどから推測して、この頃、世間に恩銀踏み倒し事例が広がっていたのかもしれない。

本巻には、この件を含め一二件の恩銀関係記事がある（三九、七七、八〇、八八、九三、一五八、一八二、一九四、二〇四、二一三、二二三、二三八各頁）。また、本人の支払い能力にかかわらず、直接請人へ請求するという、現代の連帯保証に似た運用がなされていた（二一三頁）ことも興味深い。

寺社関係と商工業関係

寺社関係では、住職人事、堂舎普請、寺社領、神事仏事執行など、ほとんどが寺社経営に関するものである。中小寺社が多い多久領においては、寺社が領主権力へ依存し従属的立場にあったことが分かる。

商工業関係では、この時期、酒・たばこの免許が面倒な手続きを経て下されていたこと（八一頁、一〇五頁、二一一頁、二一三頁）。佐賀の六座町で、鉄砲つくりが家内工業として行われていたことが分かる（九二頁）。

不成功に終わった銀山開発

鉱業関係として、高木河内（現・北多久町高木川内）で銀・銅の鉱山開発が企画され、不成功に終わった記事がある。経過は次のとおりである。

元禄四年十月二十一日、豊後国竹ノ内津右衛門という者から、高木河内で銀・銅の鉱脈を発見したので試掘したい、との願書が出される。領主茂文は、舅であり本藩重役である鍋島大和へ相談し、本藩審議においても、小人数での試掘ならよいということになった（一七九頁）。十一月二十三日には、津右衛門手代という安芸国広島京町作兵衛という者が来て五〇日間の滞在が許可され採掘が始まる（一八七頁）。ところが、多久では津右衛門の人柄について疑念を持ち豊後国まで調べさせたことが、翌五年二月五日付記事にある（二〇五頁）。三月十七日付記事で明らかになった調査の結果は、津右衛門が申告したほど銀・銅の生産は上がらず、賃銀や飯米の支払いにも不足し、「銀元（出資者）」の目処も立たない実情であった。また、津右衛門は郷里を出て一〇年以上音信不通で、持っていた手形は偽造であることも判明した。結局、鉱山開発は中止することになった（二二四頁～二二六頁）。

津右衛門への申し渡しの大意は次のとおりである。

「高木河内山で銀・銅が出るので掘りたい、との申し出があったので三月までの試掘を許可した。しかし、出資者の見込みもなく、最初は銀も多く出ると申告したにも拘わらず、全然そのようにはならず先行きも知れている。ここで採掘は中止するので、そのように心得られたい。もし、信用できる出資者が出てきたときには再開するかもしれないが、津右衛門は、今回不正な手形を使うなど信用できないので、以後採掘には参加させない」

言葉どおりの「山師」に狙われた一件であったが、同地では一七〇〇年代後半から石炭採掘が盛んに行われるようになり、一大産炭地となった。

以上、前巻との関連を含め、「御屋形日記」の強みである継続性にも注意して通覧した。個別事項であっても一行だけの箇記に終わるものは少なく、首尾完結型の詳細記述が多い。傍注や索引を活用して、「元禄初期多久領の地域像」解明に役立てていただけば幸いである。

（註）佐賀藩においては寛永期以後、江戸・上方詰の者などに対する補助のため家中に対し「舫銀」（もやいぎん）と称する相互扶助的課銀がなされていたが、出米（御馳走米）の賦課は元禄十一年（一六九八）からとされており（「検地三部地　米献米之概略」鍋三一三－三）、元禄三年の「御屋形日記」に記されている「出米」は多久領独自の施策であったと考えられる。

（平成二十六年九月・記）

『佐賀藩多久領 御屋形日記』第四巻

発行　平成二十九年三月
監修　大園隆二郎
編集　多久市教育委員会
編集協力　多久古文書の村
校註　多久古文書学校
発行者　多久市教育委員会

この第四巻から多久市の文化財調査報告書としての発行となった。事項別の索引を新たに設けている。収録年代は元禄五年（一六九二）八月～同七年（一六九四）七月、および元禄三年（一六九〇）八月から同年十二月の混入史料である。元禄三年の日記はすでに第三巻に収録されているが、混入史料は筆者が別人らしく、記載形式が違い、内容も第三巻とは別の出来事や決定事項が書かれている。混入の経過は不明。

本巻では、監修者から「御屋形日記」は決裁簿的性格の史料であるとの指摘を受け、統治意思決定の仕組みを分析した。結果、多久領統治について方針を決め施策を実行したもののうち、半数以上は領主決裁によるものであるが、その多くは「御意を伺う」という稟議型であることがわかった。

この頃の出来事として、『葉隠』聞書第六にも記事がある「北嶋覚左衛門多久家預かり一件」がある。佐賀本藩から牢人を仰せ付けられた北嶋覚左衛門一行を総勢百人以上の態勢で多久へ迎える経過が記されている。

また、「生類憐み令」の真意を伝える幕府からの御触条文があり、禁令下の多久領における狩猟の実態がわかる記事がいろいろある。

第四巻　解題

史料構成と人脈

当資料集『御屋形日記』第四巻（以下、本巻と略記する）は、先の第三巻に続くもので、元禄五年八月朔日より同七年七月二十二日まで、および何らかの原因により混入した元禄三年八月三日（推定）から同年十二月晦日までと年次不明の断簡一丁（以下、混入史料と表記）を収録する（混入史料については後述）。

原本は多久市郷土資料館所蔵「多久家文書」の登録番号3の五分冊目から、登録番号4の三分冊目（全五冊のうち）までの史料である。登録番号4の残り二分冊は本巻に続く第五巻に収録予定である。このため本巻以後、原本の登録番号と刊行本の巻数番号がずれていくことになる。また、史料の包括的呼称「御屋形日記」を表示する表題紙が本の冒頭でなく中途（六五頁）になる。これは、原本の編綴丁数が登録番号ごとに大差があるため、翻刻資料集として発行するにあたり、刊行本のページ数を平準化する目的から、刊行本一冊の収録原本丁数を三〇〇丁程度相当の分冊数で区切ったことによる。あらかじめお断りしておきたい。

原本登録番号ごとの分冊と刊行本の収録計画を（表1）に示す。

本巻の原本体裁は、四分冊とも第一巻～第三巻と同じ美濃判書冊形式である。第一分冊の原表紙は「諸扣帳」筆者福地新左衛門・早田源之丞で、第二分冊は、「御屋形日記」の表題紙（六五頁）に続き、原表紙「諸相澄候扣帳二」筆者久松源五左衛門・福地新左衛門（六七頁）である。第三分冊の原表紙は「諸相澄控帳」筆者福地新左衛門・瀬田清左衛門・吉岡式部左衛門（一二三頁）で、第四分冊の原表紙は「諸控帳」筆者瀬田清左衛門・吉岡式部左衛門（一七三頁）となっている。五名の筆者はいずれも多久領の上士クラスの家系に属する人たちである。

日記としての連続性を確認する。まず、先に刊行された第三巻と本巻との連続性について見ると、第三巻は元禄五年七月晦日で終わり本巻は同年八月朔日から始まっているので第三巻と第四巻の間は連続している。次に第四巻収録の各分冊の間の連続性について見ると、第一分冊（番号3の五分冊目）の最終日付は元禄六年二月五日であり、第二分冊（番号4の一分冊目）の最初日付は元禄六年二月二十五日で、十九日間の不連続がある。ま

（表1）刊行本収録分冊

原本No	原本分冊	刊行本巻数
3	①	3巻（既刊）
	②	
	③	
	④	
	⑤	4巻（既刊）
4	①	
	②	
	③	
	④	5巻（本巻）
	⑤	
5	①	
	②	
	③	
	④	6巻（予定）
	⑤	
6	①	
	②	

た、この分冊の最終日付は七月二十九日で、第三分冊（番号4の二分冊目）は八月六日から始まるので五日間の不連続がある。この分冊の最終日付は元禄七年三月二十六日であるが、第四分冊（番号4の三分冊目）の最初日付は同年三月十九日であり逆順になっている。そこで第四分冊の記事の冒頭部分を見ると、三月十九日付記事五項目、三月二十日付記事一項目はいずれも役職仰せ付け（小田役、御武具役、東西村気遣、多久原村気遣、沖嶋御番、喜多嶋覚左衛門用聞心遣）の人事関係記事で、同一紙面の後続記事は四月二日付褒賞記事である。おそらく、四月になってから三月中の人事関係記事をまとめて追記したものであろう。若干の不連続や逆順はあるものの一か月以上の中断はないことから日記としての連続性は保たれていると考える。

第四分冊（登録番号4の三分冊目）の後半に元禄三年八月三日（推定）から同年十二月晦日までの日記および年次不明の断簡が混入していた（原本丁数五五丁、本巻記事二〇八頁一一行から末尾二四七頁までに相当）。発生の原因は不明であるが、昭和末期に撮影されたマイクロフィルムには、すでに乱丁を含む錯簡状態の画像が記録されており、それ以前に行われた裏打ち丁合の段階で誤綴を生じたものか、当初編綴時からの誤綴であったか不明である。

原本のマイクロフィルム画像により混入史料の所在位置を確認すると、混入史料は、画像番号一七二から二二六までの五五丁分である。その中には無秩序な乱丁状態のもの二二丁（マイクロフィルム画像番号一七二～一九三）が含まれていたが、中断部分二箇所を含め記事の連続性を確認した上で正しい順序に並べなおして翻刻した。連続性が確認できない一丁（マイクロフィルム画像番号一九二左面および一九三右面）は断簡として末尾に翻刻した。混入異本が元禄三年のものであることは、記事中の多久初代および三代領主の年忌法要年次が、いずれも逝去からの経過年数と一致すること、陰暦による月日付の大小月が元禄三年に一致することを根拠に比定した。断簡部分についても人物名および記事内容から元禄三年であると判断した。

混入史料の所在位置の始点を本巻二〇八頁頭注に太字表示している。

本巻収録の四分冊は、元禄三年の異本混入部分を含めいずれも多久家佐賀屋敷で書かれたもの（当時多久領主は佐賀城内に住んでおり、上意や指示事項を「多久へ申越」と記す部分が随所にある）であるが、その記載形式が途中から変わる。第一分冊および第二分冊は、日付の次に本文記事が記され、それが第三分冊の中途の元禄六年年十二月分まで続くが、元禄七年正月からは日付に続けて当番の当役名が記されるようになり（一五四頁）、この形式は第四分冊の元禄七年七月二十五日（二〇八頁）まで続く。後述するように、この時期の「御屋形日記」は多久領の組織意思決定の記録であることから、責任の所在を明確に示す意図もあって当番当役名を記するようになったと思われる。そのことは、第五巻収録予定の原本登録番号4の第四分冊・第五分冊および原本登録番号5の第一分冊〜第3分冊においても、この記載形式が踏襲されていることからも窺うことができる。

なお、混入史料である元禄三年八月七日以後（本巻二一〇九頁以後）については、日付のあとに参会人数・出仕人数などと表示して、当役名と長老家臣数名の名を記し本文が始まる会議録記載形式である。この記載形式は天和〜元禄期の「御屋形日記」を通じて他では見られない。同時期の日記は、すでに発行済みの第三巻に収録（第三巻一頁〜七一頁）されている。後年にも同じ年の同じ時期に二種の「御屋形日記」が存在する例もあることから、この部分は、多久家佐賀屋敷で書かれた別途の日記であると考えられる。

この当時の多久領主は佐賀藩主鍋島光茂の庶子多久茂文（本巻中では、豆州様、御前（様）等の名で出てくる）であり、家督襲名から六年後の二四歳から二六歳の時期に当たる。

領主を補佐して統治実務の指揮命令を行う当役として、家老である多久七郎左衛門（元禄五年当時六三歳）、多久与兵衛（同五七歳）、多久杢允（同四五歳）、多久権兵衛（同二四歳）四人の名が出てくるが、七郎左衛門は高齢のこともあってか実務にはほどんど携わっていない。その代わり嫡男の勘介（助）（同三一歳）と与兵衛嫡男の助進（同三四歳）が元禄六年八月から当役の職務に就くよう命じられている（六三頁）。家老家は別に二家あるが、いずれも当主若年（又次郎一八歳、孫三郎一三歳）のためまだ役職に就いていない。多久領主家および家老家の略系図を（図1）に示した。また、関連する佐賀藩内の領主等の配置状況を（表2）に示した。

多久領統治意思決定の構造

本巻史料の性格と内容について述べる。

第三巻の監修の辞において大園隆二郎村長から、収録された史料の内容が「決裁簿綴り的な性格」であり、以後の巻についても位置づけを考える必要を示唆された。本巻史料は、年次や記載形式に差違はあっても、多久家佐賀屋敷にいる領主多久茂文による多久領統治の方針や施策実行過程を記録した「組織の意思決定」資料である性格は一貫している。そこで、この時代の意思決定の態様を知るため、本巻（混入史料部分を含む）について記事の一つ書き

（図１）御屋形日記関係略系図（元禄５～７年頃）

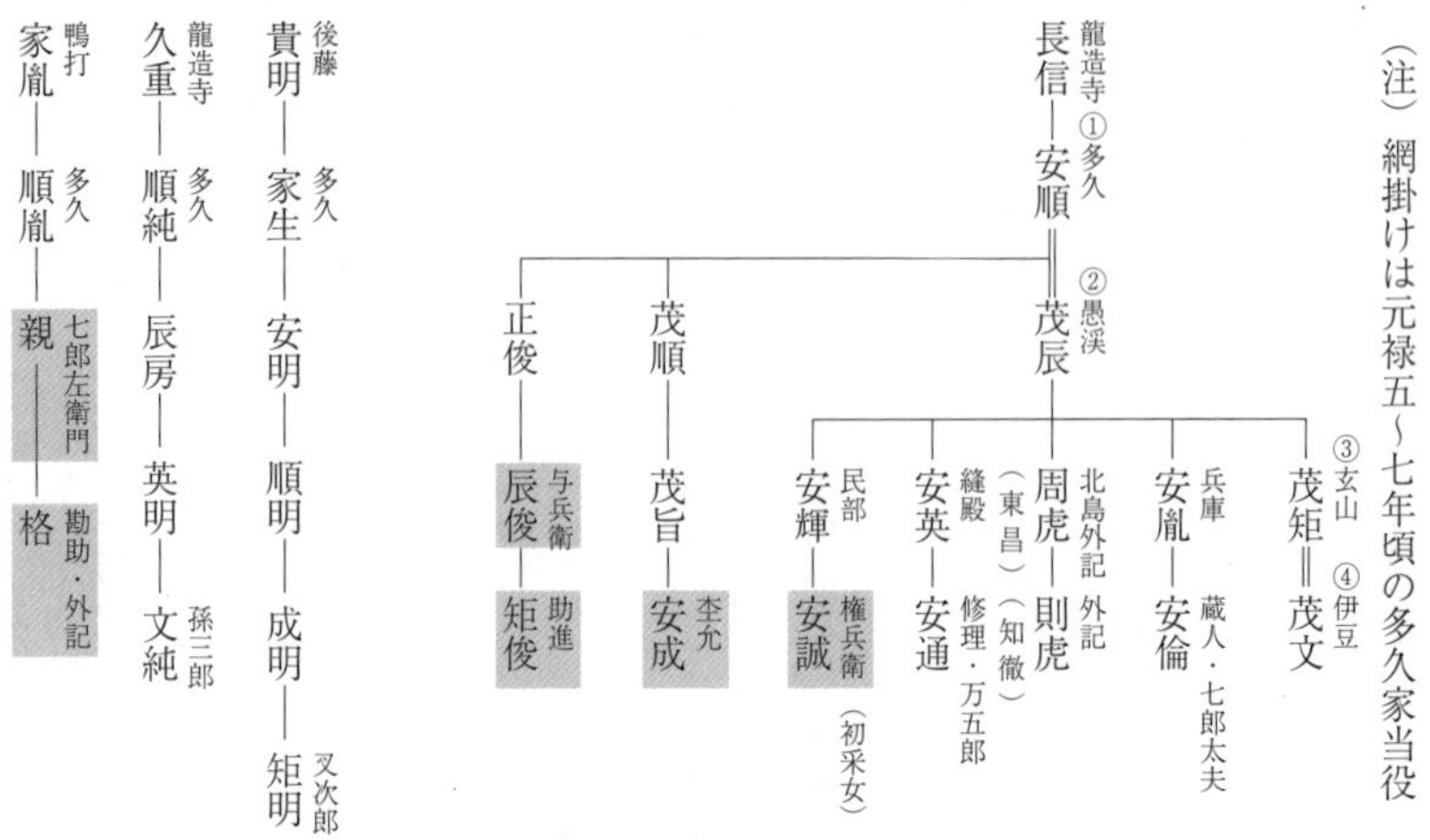

（表２）元禄５～７年頃の佐賀藩内の領主など

藩主　鍋島光茂（丹後守）

	家名	実　名	称　号	参　考
三家	小　城	鍋島元武	紀伊守	
	蓮　池	鍋島直之	摂津守	
	鹿　島	鍋島直條	備前守	
親類	白《シラ》　石《イシ》	鍋島直堯	大和、山城	多久茂文室彦市の実父
	川久保	神代《クマシロ》直長→直利	弾正	元禄６年に直長死去、直利跡を嗣ぐ 直利は後の４代佐賀藩主鍋島吉茂
	久保田	村田政辰	宮内	多久茂文室彦市の実叔父
	村　田	鍋島茂眞	内記	鍋島光茂養子、実神代直長次男
＊親類同格	多　久	多久茂文	伊豆	鍋島光茂庶子
	武　雄	鍋島茂紀	十左衛門、若狭	
	諫　早	諫早茂元→茂晴	豊前	元禄７年に茂元死去、茂晴跡を嗣ぐ
	須　古	鍋島茂俊→茂清	市兵衛尉	元禄５年に茂俊死去、茂清跡を嗣ぐ
家老	横　岳	鍋島茂清	掃部、主水	多久茂矩女土吉の婚約者、その後土吉死去
	深　堀	深堀茂春	志摩	
	神《コウ》　代《ジロ》	鍋島嵩就	弥平左衛門	
	太　田	鍋島茂長→貞長	生左衛門	元禄５年に茂長江戸餅木鍋島家へ養子に行き、貞長跡を嗣ぐ
	姉　川	鍋島清長	図書	多久茂矩庶子清信が養子となる
	倉　町	鍋島茂敬	靫負	

＊親類同格の名称は正確には元禄12年５月以後の名称であるが、ここでは遡って使用した。

を一項目として数え、おおよその分類を試みた。項目総数は約八四〇項目ある。（以下、あくまで概数としての傾向把握なので一〇単位で表記する）

◎多久領統治について方針決定・施策実行した項目総数　六四〇（76％）

Ａ　多久領主が関与して判断・意思決定した項目数（注）　三三〇（51％）

Ｂ　当役以下で判断・意思決定した項目数　二八〇（44％）

Ｃ　幕府・佐賀本藩など上位組織の意思決定・指示を実行した項目数　三〇（5％）

◎判断・意思決定を要しない出来事や人の動き情報、会議出席者記録などの項目数　二〇〇（24％）

（注）Ａの領主関与については、判断・意思決定を必要とする項目で、「御（内）意」、「仰（出）」、「御聴（耳）」、「伺」などの語句を含む項目および家老・当役等の重要人事項目とした。

全項目のうち何らかの意思決定が行われたものが約四分の三あり、その中の半数以上の意思決定を領主多久茂文が行っている。内訳としては、人事任用、褒賞・処罰、家督・縁組・元服等家臣処遇の重要事項、および沖嶋御番命令等重要な職務命令である。家臣は家族を含め領主の包括的管理下にあった実情が見える。上士クラス家臣の家族については女子の縁組についても領主の承認が必要であった。領主茂文の許へは家族を含む多久領家臣たちの動向情報が集中していた。

当役以下の意思決定に任されていたのは、前例や慣行などによってすでに処理方針が決まっている業務処理（職務指定、出張命令、屋敷管理、諸村管理等）が主で、毎日当番当役と三～六名の長老家臣が佐賀屋敷に詰め（二〇九頁以下）、合議体制で意思決定を行っていた模様である。合議の模様がわかる記事がある（二三八頁）。金持市介から次男の前髪取り（元服）儀礼の申し出があったことに対し、これを領主に伺うべきか当役の杢允が本庄源太左衛門へ相談したところ、次男の前髪取りは領主伺いの必要なしということで返事した、というものである。合議の場で前例が尊重され比較的自由なやりとりが行われていること、また合議の場が、領主伺い案件の選別の場であったこともわかる。

領主が関与する意思決定の手順については、上士クラスの人事任用など領主自身の発意（トップダウン）と思われる項目もあるが、ほとんどは「御意を伺」「御聴に達し」など当役以下の発意を合議の場で整理して伺う稟議型決定であった。

領主茂文の苛立ち

その中で領主自身が強い意思表示をしている一例がある（一二九頁）。元禄六年八月十日条であるが、多久寄合の節に諸与の物頭中へ申渡す手頭（箇条書きの覚書き）を（茂文が）三人の当役へ差し出した、というものである。この手頭は多久家文書登録番号一八三〇「□申渡覚」であることが分かった。（全文釈文を本解題の末尾に掲載）

「近年、就中与之者共至馬乗通捴侍、無礼之儀多有之由委細令承知、甚不可然風俗候事・・・」と憤激した調子で始まる本文では、家中の諸役者が命じる郡代役や各方面への警固派遣などの職務命令に対して不服従の事例が頻発していることを指摘して、そのような弊風を改めるよう求め、違反者は厳重処罰するとともに、上役である物頭の指導不徹底についても処罰すると書かれている。就任から七年目、領主の指揮命令が末端まで行き届かないことへの苛立ちが伝わってくるような手頭である。ただ、この弊風はなかなか改善されなかったらしく、一年半後の元禄八年二月にも同趣旨の手頭が出されている。

末端までの指示徹底を求めた藩主鍋島光茂

上位組織からの指示のうちには、元禄六年十月に結審した福岡藩・佐賀藩の脊振弁財嶽争論につき、佐賀藩勝訴を下々が騒ぎ立てぬよう戒めた佐賀藩主鍋島光茂の指示を忠実に下部伝達した記事がある（一四六頁）。この話は光茂の福岡藩主黒田綱政への友情を語る逸話として「寛元事記」・「光茂公譜考補地取」（『佐賀県近世史料』第一編第三巻）や「葉隠」聞書第五などの記事により知られているが、実際に多久領の末端まで周知が行われたことを確認できる記録である。

また、鍋島家文庫（財団法人鍋島報效会所蔵佐賀県立図書館寄託）には、表紙に「共七十二冊」と表示された鍋島光茂時代の法令史料五八冊があり、本巻と同時期（元禄五年～七年）のものが一八冊あることがわかった。この法令群が本巻御屋形日記にどのように反映されているかについて調べてみた。

一八冊のうち、「武具方頭人江相渡候手頭写」（元禄五年、鍋三二六―二四）冊子の表紙に、「付紙／酉九月朔日武具方代々御渡八品之御帳目前ニ伊豆殿江被相渡候御手頭之控也」（付紙／この手頭は、元禄六年九月朔日に武具方へ引き継ぐ八品の御帳目前に多久茂文殿へ渡された手頭の控えである）という書き込みを発見した。これに対し、本巻元禄六年九月十二日条（一三三頁）には、「一　弾正様、佐嘉郡代被遊ニ付、御武具方此御方へ被遊候、御武具役・石火矢役・塩硝蔵番衆迄、元禄六年酉八月晦日ニ御請取・・」とあり、日付は一日違うが、この書き込み記事が事実であったことを確認できる。このような書き込みは他の一七冊には見られない。佐賀藩主鍋島光茂が多久茂文へ直接手渡しする場面があったとも考えられる。

鍋島光茂は「三家格式」をはじめ「年行司掟」「寺社方定」の制定など、鍋島勝茂の「鳥ノ子帳」法治体制をさらに整備充実した君主であるが、この二つの事例は、光茂が、法令整備だけでなく、法令や自らの意思を組織の役職当事者や地域の末端まで伝達徹底させ、実効性を確保することにも意を用いていたことを知る貴重な記録である。

なお、一八冊の法令内容について見ると、「御蔵入掟」、「郡方手頭」などの表題が示すように、すべて特定の役職者にのみ通達する法令文書、いわゆる「御達書」であり、広く不特定の対象者へ公布周知する「御触書」とは性格が異なることから、本巻記事へ直接反映された条項は見られなかった。

北嶋覚左衛門預かり

上位組織の決定で「葉隠」に関係あるこの時期の出来事に、「北嶋（喜多嶋）覚左衛門多久家預かり」一件がある。「葉隠」聞書第六（栗原本六六五項）には覚左衛門について「大野喜内は阿部豊後守殿（久世大和守殿か）御頼みにて召抱へられ候、其の後、北嶋外記騒気にて跡潰れ候を喜内に下され、北嶋覚左衛門と申し候、二ノ丸牡丹失せ候節、覚左衛門・副嶋兵左衛門牢人、覚左衛門は多久殿へ御預けなされ候」とある。すなわち、北嶋外記（多久二代領主茂辰三男周虎の嫡男則虎）が精神異常で北嶋家が断絶し、その跡を阿部豊後守（久世大和守との説もあり）の頼みで佐賀召し抱えとなった大野喜内が北嶋覚左衛門と改名して跡を嗣いだが、牡丹紛失事件により牢人となり多久家預かりとなった、というものである。

元禄六年二月朔日に多久平内へ通告があり、三月朔日引き渡しがあり、家族および使用人総勢一三人、荷送り人夫一〇〇余人、佐賀城下本庄町から古賀津まで船で来て、多久住居の用意ができるまで納所庄屋宅に逗留し、三月二十三日多久へ到着した。佐賀および多久から差し出した道中心遣人は多久二郎大夫ら総勢一六人。多久定住後の心遣人は今村東右衛門・成冨権右衛門、下気遣新郷伊兵衛・御厨番右衛門・中嶋四郎左衛門、門番恰好足軽を二人常置し、賄料として一か月米一〇俵、年換算一〇〇俵（三〇石相当）と多久としては相当な気遣いであった（八一、八二頁）。ただ、日常の行動監視は結構厳しかった模様で、手紙のやり取りや来訪者など、その都度佐賀本藩請役などの事前チェックを受けた上で許可されている（九七頁以後一〇件以上）。また、お預かり期間は長期にわたったようで、元禄十四年ごろの日記にも多久預かりが続いている状況がみえる。

「生類憐みの令」への対応

幕府からの触として、「生類憐みの令」関係のものがある（一一二頁）。内容は、狼・猪・鹿などが（田畑を）荒らすときは威し鉄炮で払い、やまないときは鉄炮で撃ってよいというもので、さらに、生類憐み令の趣旨は「人々人相成候様ニと之思召」が真意であるとしている。この触の条文は、江戸幕府の法令集である『御触書寛保集成』、『徳川禁令考』への収録はないが、私撰の『御当家令条』（『近世法制史料叢書二』）には元禄六年四月晦日付の同文が収録されており、全国へ公布された触であったことを確認できる。

徳川綱吉の悪政とされる「生類憐みの令」は、膨大な法令の総称であることからその本質・真意については不明な点も多く論議が続いているようであるが、この条は獣害に対する具体的対応策と生類憐みの真意を直截・明確に示しており、注目すべき法令記録である。

生類憐み布令下の多久で狩猟はどのように行われていたであろうか。多久領内については、「御狩山并御法度場」として砥川山里一式、納所山里一式など里山地域を中心に比較的広範な禁猟区が指定されているが、それ以外の地域は三月〜七月間の鉄炮打が認められている（七七頁）。禁猟区の中でも納所山、大佐古山、桐野山、下鶴山などでは竹の子を荒らす猪は取ってもいいとされた（一七五頁）。また、獲物の猪・鹿などは打留めた者に与えるとしている（一六八頁）。作物の食害防止、生活手段としての狩猟は確保される必要があったと思われる。

女山村の七郎宮では、以前から神事として「祭狩」が行われていたが、足並みを揃える意図もあってか、同じ大配分領で隣領である武雄にやり方を問い合わせている（一三七頁）。武雄領の武雄社は従来どおり実施すると返事があった。これを受けて、高木川内村、戸坂山など狩場を指定して続行することになった（一三九頁）。七郎宮祭狩神事はこの後も続行されたらしく、元禄十三年の記録にもみることができる。

近親者や抱え主の申し出により領分払い

追放刑など、本来は領主側の意思決定により行われるべき刑罰について、下からの要望を承認する形で意思決定する事例があった。

立林坊抱えの次介は犬切り殺しの罪により所払いとなり袋新左衛門が預かっていたが、本人が不行跡者であることを理由に、両者とも今後の留め置きを拒否し、御領分払にしてほしいとの願書を提出してきた。当役側ではこれをそのまま承認して御領分払の決定を行った。その決定経過をみると、「御上より被相払候へハ、不宜儀一々改被仰付、其上ニ而之御仕置」が必要であるが、「右之通立林・新左衛門より申上」があったことを理由に、正式審議において必須の事実確認を省略し、実質審議を行わないまま下からの願出を承認して追放刑の決定をしている（四九頁）。

同様に、江副八郎兵衛弟傳藏は、大酒などの不行跡を理由に一門から出された訴状が承認され御領分払となり（五〇頁）、南里三郎左衛門百姓郷右衛門は、芸能興行詐欺まがいの行為を働き、親・親類からも見放され追放願が出されて御領分払になった（一一九頁）。近親者や一門、抱え主などが申し立て、家や組織、地域の安寧秩序を乱す異端分子を排除するような、暗黙かつ強力な自己規制ルールが支配していた地域の実態を垣間見る思いもする。

武芸者の凋落

島原の乱から半世紀を経過して戦争は遠景となり平和な時代が続いていた。その世情を映す事例を拾ってみる。

戦いが遠ざかるにつれ武芸練達の人材は乏しくなり、武芸指導者の凋落が始まっていた。以下の記事がある。

「御家中侍通、劒術能仕候者於有之ハ、可被遊御覧由被仰出相改候処、勝候て仕候人無之、尤、年数など重り候人などハ御座候へ共、色々御僉議有之、先以今度被遊御覧候儀、御延引可被成由ニ相極候…」（五頁）。劒術練達者の演技を見たいとの領主茂文の意向を受けて適格者を探したが、永年稽古に励んでいる者はいるものの（技倆はそれほどでなく）僉議のうえ今回は見送りとなった、というものである。そこで、「若キ者共為進ニも候条、野口貞兵衛・江副久ト被渡御目、其上ニて御酒被為拝領候」（五頁）とあり、若者たちへの武芸奨励のために、野口貞兵衛と江副久トを領主が招いて酒を与え激励したという（五頁）。ところが、せっかくの領主の熱意にもかかわらず、八か月後には「野口貞兵衛内證差閊」の実情が知らされた。僉議では「今時分多久ニ而兵法なと指南仕候へハ、不被下候而者不叶行懸ニ候、八木弐駄被為拝領」（八七頁）と緊急救済がなされたが、武芸者を取り巻く厳しい現実が浮き彫りになっている。

寺社参詣の盛行

平和な時代を反映して寺社参詣が盛んになっていた。御屋形日記にみえる元禄元年～七年の参詣先寺社と参詣のため御暇願を提出した人数は（表3）の通りである（混入史料部分は元禄三年で計上）。

彦山と伊勢神宮は佐賀藩主家の篤信もあって古くから武士や庶民の参詣があった。相賀薬

（表3）

年	伊勢神宮	彦山（豊前）	相賀薬師（唐津）
元禄元年	○	二	三
二年	三	二八	○
三年	三	二二	二
四年	二	七	一
五年	○	五	一
六年	四	五	二
七年	五	二	○

師はあまり知られていないが、松浦地方の故事旧跡を紹介した「松浦拾風土記」によれば、承安二年（一一七二）山崩れで流された薬師如来像が海中で光を発していたので村人が引き揚げて祀ったところ多くの霊験を現したという。その評判が人を集めていたのであろう。如来像が安置されていたという臨済宗東光寺は廃寺となり、今は薬師堂が残っている。

寺社参詣の目的は当然神仏の功徳を信じてのことであったろうが、すでに遊覧的要素も加わってきていたようである。例えば、南里三郎左衛門は若殿様伊勢参宮代参の序でに有馬の湯治を願って許されており（九一頁）、副嶋柳左衛門は参宮序でに高野山へ親の骨を納めたいと申し出、石井一郎兵衛は三十三所札打したいと申し出ていずれも不許可（一五八頁）になっているが、このような希望を大らかに申し出ることができる世情でもあった。夫婦子供一家揃っての彦山参詣もあった（二一九頁）。

御用商人のモラル低下

御用商人のモラル低下が問題となる事例も発生していた。

別府町福嶋常益は、先代領主時代から指定の油商人であるが、①近年油の品質が粗悪で他方より高値、②村々で売るとき現銀・現銭でなければ売らない、③他からの商人の参入をさせない、などの問題があり皆が困っているとする申告が、代官中西孫兵衛・早田吉左衛門からあり、僉議の上領主の耳にも入れて改善を申し入れることになった（一五七頁）。実はこの油商人については、約四年前、福嶋市郎左衛門の名で同様の悪徳商法が指摘され、改善を指示（第二巻一〇二頁）されていたにもかかわらず、同様事例を繰り返していた。

八木屋又左衛門は京都御用物の出入り商人であったが、「調物、依物直段相応ニも無之、格別悪敷物有之・・高利をも取候様ニ相聞え、不宜候」という有様であった（一三五頁）。これに対し多久側では、改善されなければ「御扶持御取上御用仰付間敷候」という趣旨の申渡書を作り、伊勢代参に行く南里三郎左衛門が持参して京都の八木屋へ届けることになった。この申渡書には「手覚」として、年始御祝儀扇子一箱のほか余分な進物はしないこと、京都来訪者に対しても茶・たばこ以外の接待はしないこと、などを記した覚書も付けられているが、どの程度の強制力があったかは分からない。前記油商人のような再発事例もあり、御用商人の恣意を制御できない独占契約の弊害がこのようなところに現れている。

以上、佐賀藩の大配分給人領主多久家の組織意思決定の問題を中心に当時の世情の一端も含めて概観した。最後に参考として前述の多久茂文の手頭（元禄六年八月十一日）の釈文を掲げておく。

（参考）　　　　申渡覚

一　近年、就中与之者共至馬乗通捴侍、無礼之儀多有之由委細令承知、甚不可然風俗候事

一　家中之諸役者より申付候儀、時時承引不仕事有之由候、且ハ郡代役ニ付何方へ警固其外ニ罷越候節、筋々之頭人より申付候儀承引仕兼事多見懸、悪敷無礼之為体有之通承候、此段者家中之儀にても無之、何方ニ而右之仕合殊外不宜儀候、総而家中諸役者之儀者、我等より申付置たる事候へハ、其下知を不用者ハ我等申付を不用同前之儀ニ而、畢竟上を蔑ニ仕所存、近来不届之儀候事

一　従此前我意に私なる儀を何角申扱、無礼之働多有之付、自玄山御代殊外不宜風俗ニ思召、我等も元より其通ニ存、酷不可然儀候事

右之趣、以此手頭一々与之者共へ申聞、向後之儀右之風俗ニ無之様稠敷可申渡候、若、其上ニ而も相違之者於有之ハ、目付役之者令見聞、時々申聞候様相達候条、至其節者厳重科可申付候、若亦、物頭共之内申付大形之人々者、其物頭へも科可申付候、彼是得其旨密鋪可申渡候、猶委細之儀者口上を以相達候、已上

元禄六年酉八月十一日　御名御判

（平成二十八年十二月・記）

『佐賀藩多久領御屋形日記』第五巻

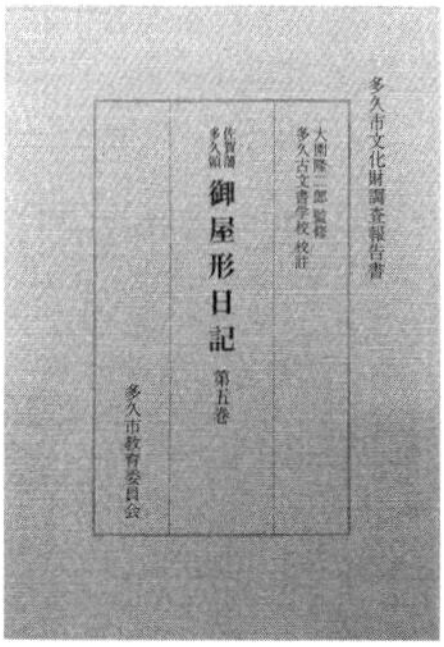

発行　平成三十一年三月
監修　大園隆二郎
編集　多久市教育委員会
編集協力　多久古文書の村
校註　多久古文書学校
発行者　多久市教育委員会

第四巻に続き多久市の文化財調査報告書として発行された。収録年代は元禄七年（一六九四）八月～同十年（一六九七）八月である。

領主多久茂文は、元禄九年九月に佐賀本藩の請役（佐賀藩行政部門のトップ）に就任し、同月、鍋島大和直堯の息女彦市と結婚するが、その時期を含む七月二十八日から十月二十日までの日記が欠落している。

特異な出来事としては、多久家の上級家臣八名が、領主名代として佐賀や小城の寺々へ盆参りをする公務出張命令を揃って断り（理由は不明）、処罰されている。また、松瀬村ほか六か村で反米（付加税）の貫越（増徴）が行われていたことが露見している。

「生類憐み令」関連で、狩猟自粛日に禁止されている猟法で猪狩りをして摘発されたが、比較的軽い処罰で済んでいる。また、唐津藩領厳木の大庄屋が自分の山の猪狩りをするため多久から鉄炮持ちを派遣してほしいと、多久の家臣へ法外な依頼をして断られている。

平成三十年十一月二十八日、『御屋形日記』解読・編集作業の中心メンバーであった福田春次氏が、第五巻の完成を見ることなく急逝された。

第五巻　解題

史料構成

当史料集『御屋形日記』第五巻（以下、本巻と略記する）は、先の第四巻に続くもので、元禄七年八月朔日より同十年八月晦日までを収録する。原本は多久市郷土資料館所蔵「多久家文書」の登録番号4の四分冊目から、登録番号5の三分冊目（全五冊のうち）までの史料である。登録番号5の残り二分冊は本巻に続く第六巻に収録する予定である。原本登録番号ごとの分冊と刊行本の収録状況を（表1）に示す。

このように原本登録番号と刊行本の巻数番号がずれているのは、原本登録番号ごとの収録分冊数が区々であり、登録番号ごとの原本編綴丁数に大差があるため、刊行本のページ数をある程度平準化する必要から生じたものである。この関連から、史料の包括的呼称「御屋形日記」を表示する表題紙が本の冒頭ではなく中途（一〇三頁）になる。

（表1）刊行本収録分冊

原本No	原本分冊	刊行本巻数
3	①	3巻（既刊）
	②	
	③	
	④	
	⑤	4巻（既刊）
4	①	
	②	
	③	
	④	5巻（本巻）
	⑤	
5	①	
	②	
	③	
	④	6巻（予定）
	⑤	
6	①	
	②	

（表2）第五巻収録文書の分冊構成

原本No	原本分冊	内分冊子	表紙有無	収録期間	原紙丁数	特記
4	④	A	○	元禄7年8月1日～元禄8年4月28日	61	
		B	○	表紙：元禄七戊年八月朔日、本文：戊（元禄7）11月・12月、亥（元禄8）2月・11月の記事7項目	3	断簡
	⑤	C	○	元禄8年5月9日～元禄9年4月27日	57	
5	①	D	○	元禄9年4月28日～元禄9年7月27日	11	
		E	○	元禄9年10月21日～元禄10年2月13日	29	
		F	○	元禄10年2月14日～元禄10年閏2月26日	19	冊子Gの下書き
	②	G	○	元禄10年2月14日～元禄10年閏2月26日	19	
		H	○	元禄10年閏2月9日～元禄10年5月21日	46	原本編綴は別冊だが記事は連続
	③		×	元禄10年5月21日～元禄10年8月30日	74	

本巻収録の原本史料の構成について述べる。（表1）でみるように、本巻収録は原本五分冊（登録番号4－二分冊、登録番号5－三分冊）であるが、原本五分冊の内容を詳しく点検したところ、分冊によっては中に複数の冊子（表紙付き）を含んだものがあり、通算すると全体が八冊で構成されていることがわかった。それで、この八冊を仮に「内分冊子」と呼称しA～Hの通し符号を付けた。

（表2）は、内分冊子八冊のそれぞれの中に綴じ込まれている原本丁数と記事の収録期間、個別冊子の特記事項、および原本分冊との関係を整理して表にしたものである。

日記としての連続性を確認する。ここでは、記事の中断期間が一か月未満までの部分は連続とみなすことにする。先に刊行された第四巻と本巻との連続性についてみると、第四巻は元禄七年七月二十五日で終わり（第四巻二〇八頁）、本巻冒頭記事の日付は八月朔日、中断四日なので連続と認められる。

次に、（表2）をもとに内分冊子A、C、D、E、G、Hについて連続性をみる（冊子Bは断簡史料であり、冊子Fは冊子Gの下書き史料であるので後述）。A－C間は中断十日で連続。C－D間およびE－G間は中断なく連続しているが、D－E間は、七月二十八日から十月二十日まで約三か月の中断があり不連続。また、G－H間は閏二月九日から閏二月二十六日まで一八日間の重複期間がある。

長期不連続の冊子D－E間について原本のマイクロフィルム画像を確認した。冊子Dの末尾は、マイクロフィルム画像番号（以下、画像番号と略記）一六で、末尾記事の日付は七月二十七日である（本巻一一五頁）。続く画像番号一七は冊子Eの表紙で、右肩に「元禄九年十月十三日」、中央に「控帳」、左肩に「丑正月元日ヨリ」を×印で抹消し、その下に「田代市左衛門存」と署名がある（本巻一一七頁）。これに続く画像番号一八は「廿一日　右同断／一田上新右衛門儀・・」と記事本文になっている（本巻一一九頁）。このように冊子D－E間は、原本画像上においては連続画像となっており記事には約三か月の不連続がある。この現状から推測すれば、昭和末期とされているマイクロフィルム撮影時には、すでに記事不連続になっていたと思われる。しかし、多久家の正史「水江事略」によれば、茂文は、元禄九年九月に佐賀本藩の請役（佐賀藩行政部門トップ）に就任しており、また、同月二十九日には、鍋島大和直堯（白石鍋島家）女彦市と婚礼執行という重要な出来事があっている。このような時期に日記不作成は考えられず、作成された日記がその後何らかの理由で逸失欠落したものであろう。なお、冊子Eは、表紙には十月十三日と書かれているが、記事は二十一日から始まっており、八日間の記事欠落がある。

さきに一八日間の重複期間（閏二月九日～閏二月二十六日）があるとした冊子GとHについて、その期間の記事内容を点検した。冊子Gには閏二月九日～二十二日付の記事はなく、二十三日付で縁組や跡式の御礼進上記事五項目、二十五日付で多久夫木屋火事に対する関係者処分記事一九項目、二十六日付で本藩評定所引合記事一項目があった。一方冊子Hにおいては、同期間中連日記事があり、冊子Gの二十三日記事および二十六日記事と同内容の記事が日付違いで記されているものの、二十五日付の処分記事一九項目は、冊子Hにはなく冊子Gのみの記載である。この状況と両冊子の表紙に記されている二名の筆記者が同一であることから考えて、冊子Gと冊子Hは、記事の一部重複はあるものの内容的に相互補完関係にある一体史料と判断して差し支えないと考える。

以上、本巻の記事連続性については、内分冊子D－E間に元禄九年七月二十八日から同年十月二十日まで約三か月の不連続があることを除き、前巻からの継続を含めて他の冊子間は連続している。

断簡史料を綴った内分冊子Bは、表紙には「元禄七戌年八月朔日／諸控帳／徳永八郎左衛門・中西孫兵衛」と書かれているが、記事は戌（元禄七年）十一月・十二月のもの五項目、亥（元禄八年）二月・十一月のもの二項目が順不同に記されている。この七項目の日付期間に対応する別冊子AおよびCの日記本文を点検したが、日付の近接時期に関連記事は見当たらなかった。ただ、表紙に記された筆記者である徳永八郎左衛門および中西孫兵衛は、この頃多久現地在勤者（徳永は会所役、中西は代官）であり、記事の内容も多久現地での業務遂行や事務処理に関するものであることから、彼らによって書かれた記録がここへ綴じ込まれたものであろう（B以外の冊子は佐賀で作成－後述）。　内分冊子Fは冊子Gの下書きである。そのことは、冊子Fには記載記事を棒線で抹消したものが一八項目あるが、そのうち一五項目は冊子Gに同趣旨の記事が転記されていることからわかる。転記された項目は、事後の進行管理が必要と思われる事項や、後日のために事案の処理経過を記録しておく必要がある事項などのようである。あらかじめ清書用の候補事項をメモしておき、その中から清書に残す事項を選ぶという「御屋形日記」作成の手順を窺うことができる貴重な史料である。

なお、内分冊子Hの末尾部分、原本画像番号三〇三（二六三頁）以後、水損によると思われる欠落で、文字が判読できない箇所が二〇か所ある。本巻翻刻文においては□で表示した。

前記のように、内分冊子Bは多久現地での記録であるがB以外の七冊子は多久家佐賀屋敷で書かれたものである。第四巻の解題で述べたように、佐賀藩の大配分給人領主である多久茂文は佐賀城内の多久家佐賀屋敷に住んでおり、そこで多久領統治についての意思決定および指示がなされた。七冊子はその決裁記録簿（佐賀本藩では「御意請」と呼称）である。各冊子の表紙に書かれた筆記者は、A・Cは松永孫進・吉岡式部左衛門、Dは福地新左衛門・田上新右衛門、Eは田代市左衛門、F・G・Hは石井源左衛門・田代市左衛門となっている。これら六名は、いずれも多久領の上士クラスの家系に属する人たちである（Bは前述）。

多久領の統治メンバーと関係人脈

この当時の領主多久茂文は、家督襲名から八年後の二十六歳から二十九歳の時期に当たり、元禄九年九月（二十八歳）には、前述のように本藩の請役に就任し佐賀藩行政部門のトップとして腕を揮うことになった。元禄七年当時の多久家家老は、多久七郎左衛門（元禄七年当時六十五歳）、多久与兵衛（同五十九歳）、多久杢允（同四十七歳）、多久権兵衛（同二十六歳）四人であったが、七郎左衛門は、本巻元禄八年九月一日付で「七郎左衛門殿御着到面勘助殿へ被仰付、在佐嘉之儀も勘助殿へ被仰付候」とあり、嫡男の勘助（介）（同三十三歳）と交替している（七〇頁）。また、統治実務の指揮命令を行う「御当役」の職務は、四家老に加え与兵衛嫡男の助進（同三十六歳）も、元禄六年八月から役に就くよう命じられている（第四巻六三頁）。家老家は別に二家あるが、いずれも当主若輩（又次郎同二十歳、孫三郎同十五歳）のこともあってまだ役職に就いていない。ただ、まだ若輩の孫三郎に対し、彼の自宅において御目付・会所役列座の上で、多久家上級家臣八人への懲戒処分申し渡しを命じるなど、当役の実務見習い旁々家臣への印象付けを意図したかのような事例がある（二五六頁）。

多久領主家および家老家の略系図を次頁（図1）に示した。また、佐賀藩主および藩内領主等の配置状況を（表3）に示した。なお、佐賀藩主は、鍋島光茂の隠居により元禄八年十一月二十九日鍋島綱茂への家督相続があったが、「御屋形日記」にはそのことに関連する記事は見当たらなかった。

【図1】御屋形日記関係略系図（元禄7～10年頃）

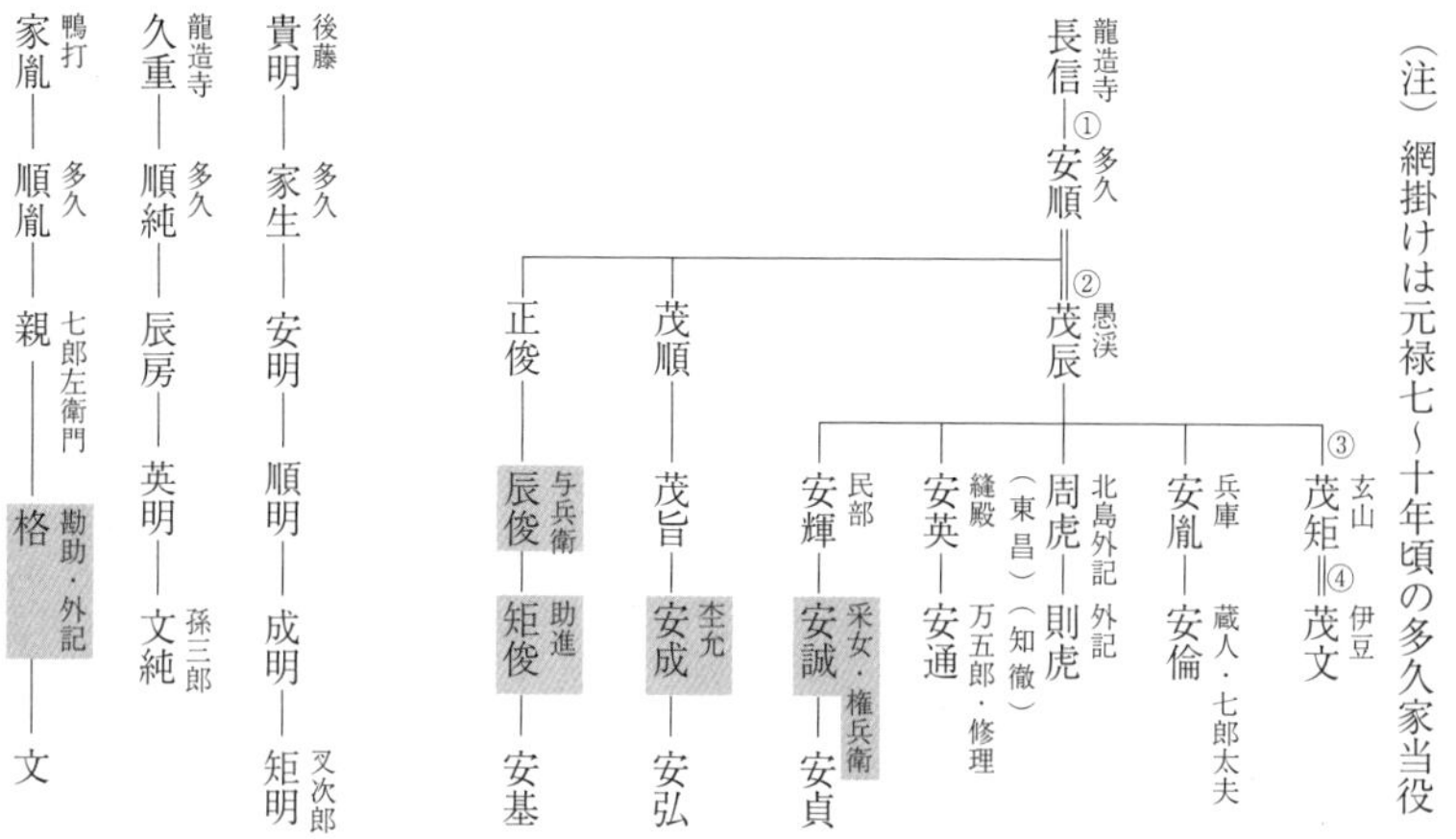

【表3】元禄7～10年頃の佐賀藩内の領主など

藩主　鍋島光茂（丹後守）→鍋島綱茂（信濃守）（元禄8年11月29日光茂隠居し大殿様と呼称）

	家名	実　名	称　号	参　考
三家	小　城	鍋島元武	紀伊守	
	蓮　池	鍋島直之	摂津守	
	鹿　島	鍋島直條	備前守	
親類	白《シラ》石《イシ》	鍋島直堯	大和、山城	多久茂文室彦市の実父
	川久保	神代《クマシロ》直利	弾正	直利は後の4代佐賀藩主鍋島吉茂
	久保田	村田政辰	宮内	多久茂文室彦市の実叔父
	村　田	鍋島茂眞	内記	実神代直長次男
＊親類同格	多　久	多久茂文	伊豆	鍋島光茂庶子
	武　雄	鍋島茂紀	十左衛門、若狭	
	諫　早	諫早茂元→茂晴	豊前	元禄7年に茂元死去、茂晴跡を嗣ぐ
	須　古	鍋島茂清	市兵衛尉	
家老	横　岳	鍋島茂清	掃部、主水	多久茂矩女土吉の婚約者、その後土吉死去
	深　堀	深堀茂春	志摩	
	神《コウ》代《ジロ》	鍋島嵩就	弥平左衛門	
	太　田	鍋島貞長	生左衛門	
	姉　川	鍋島清長	圖書	元禄8年多久茂矩庶子清信が養子となる
	倉　町	鍋島茂敬	靭負	

＊親類同格の名称は正確には元禄12年5月以後の名称であるが、ここでは遡って使用した。

有力家臣八人が領主名代の寺参を断る

新藩主鍋島綱茂に抜擢されて佐賀本藩の請役に就任した茂文であったが、多久家中では、翌元禄十年七月のお盆に有力家臣八人が領主名代の寺参などの出張命令に従わなかったとして懲戒処分を受ける出来事があった（二五四頁〜二五六頁）。代表的事例として石井太郎右衛門への仰せ渡しを引用する。

一石井太郎右衛門へ被仰聞候趣、去ル十四日五日ニ鷺山・圓通寺へ拝塔名代之儀、何も段々申分候付罷越候様ニ、南里三郎左衛門相談之上田中吉左衛門より相達候処、病気之由申分たる由、然処、十五日ニハ福聚寺・相浦永福寺・長生寺へハ自分之拝塔として罷越候由、然者、上を軽メ奉公方之儀ハ申分、自由之働近来以不届千万ニ候、依之、叱候上稠敷逼塞申付候、自今以後左様之儀無之様能々可相嗜者也（二五五頁）

石井太郎右衛門は、十四日と十五日に領主名代として、小城の鷺山（小城藩菩提寺黄檗宗星巖寺）と圓通寺（佐賀藩が外護する臨済宗法頭寺院）へお盆の拝塔を命じられたが病気といって断った。しかし、実際は十五日に福聚寺、永福寺、長生寺などへ自分個人の拝塔をしていた。

上からの出張命令を断りながら自分勝手な寺参をするなど、お上を軽視した不届き千万の行為であるとして、御叱逼塞を申し付けられている。たしかに、病気を理由に領主名代の公務出張を断りながら、実際は、当日私用の寺参をするなど明らかな職務違反行為である。

他の七人も病気を理由に公務出張を断りながら、実際は別行動をしていたとして処罰されている。野田忠右衛門・中西孫兵衛は、石井と同じく鷺山・圓通寺への名代寺参を断り野田は御叱逼塞、中西は御叱捨。吉岡重四郎・靏田宗左衛門・今村弥二郎は、佐嘉寺々の施餓鬼名代寺参を断り吉岡は御叱逼塞、靏田と今村は御叱捨。福地九左衛門・狩野弥一兵衛は、盆灯炉番を断り御叱捨となっている。

八人は、いずれも上士ランクの水ヶ江龍造寺譜代家臣（狩野は「侍通」、他の七人は最上級の「馬乗通」）である。これだけを見ると一種の家中騒動を想起させるが、実態はそれほど深刻なものではなかったらしい。四か月後の「御屋形日記」に次の記事（第六巻収録予定）がある。

（元禄十年十一月十八日付記事）

一此跡不届有之其〆被仰付置候衆、去ル十六日御赦免被成候、右委細刑罰帳ニ書載御座候を消候、名書左ニ書載

吉岡重四郎　石井太郎右衛門　野田忠右衛門（後略）

御叱逼塞を受けた石井ら三人とも、赦免の上刑罰帳の記録を抹消するという異例の処置がなされている。その経過の委細を知ることはできないが、結果として、まだ若い茂文と土着有力家臣との意思疎通が必ずしも円滑でなく、領主の威令が行き届いていない実態が垣間見える出来事であった。

村々で付加税の増徴

小百姓からの告発により村々の庄屋の指示で反米（付加税）の貫越（増徴）が行われていた実態が露見する出来事があった。経過は次のようである。

一松瀬村元庄屋左兵衛上反米貫越候付而、同姓百姓共より代官石井彦左衛門迄、貫越之分返候様ニ有之度由訴状差出候段相聞え候、依之、改役早田武左衛門・野田五郎右衛門より村横目・散使召寄様子被承候処、弥其通之由申出候（後略）（二三〇頁）

松瀬村の百姓たちから、代官石井彦左衛門へ「前庄屋左兵衛のときに反米を増徴されていたので返してほしい」と訴状が来たので、早田武左衛門と野田五郎右衛門が村の横目（監査役）、散使（庄屋の事務補助者）へ事情を聞いたところ事実であることがわかった、というのである。これを受けて他村へも調査が行われたようであるが、松瀬村のほかにも納所村、別府村、別府町、山口村、花祭村、西山村などの各村で、以前からの慣行として「歎料」（骨折り料の意カ）と称する反米の貫越が行われていたことが明らかになった（二三九頁〜二四一頁、二五六頁、二五七頁）。

ところが、これに対する処分は比較的軽い。納所村庄屋安兵衛はこのことだけでなく反米未進など別の理由があって庄屋罷免、田畠取上という厳罰を受けているが（二三九頁）、他の庄屋や散使などの村役は、叱捨や慣行の継続を禁止する説諭程度で済んでいる。この裏には、過去に代官など多久領役人から黙認を受けていた事実が判明したことがある。たとえば西山村では、「…石高少ク庄屋立兼候由ニ而南里三郎左衛門代官内除米ニ相加為勤来…」（二五七頁）、また納所村では、「村目付料米已前ハ壱石之取前ニ候へ共、それニ而ハ難調候付而五斗分相増候儀、又右衛門（新郷）以差図仕来…」（二四一頁、括弧内は筆者）と記されており、村運営の窮状も背景にあった。

百姓たちの集合、連判が批難される

一方告発した松瀬村の百姓は、集合し連判したことを批難された。

一松瀬村百姓共へ仰渡、納所上下之両庄屋、相定り候反米之外ニ自分之為歎料反米貫越せ候付右不宜仕形之通訴訟可仕由ニ而、内證ニ何も申合判形なと仕置候由、惣而、不依何事人数多申組連判等仕候儀、御法度之儀候、尤、今度之儀ハ内證ニ仕置、差立ハ不差出由候へ共、如右判形等仕儀不宜儀候、（中略）百姓共へ稠敷可被申聞候、尤、庄屋其外不宜仕懸仕置等仕候節ハ、其謂連判なしニ下代・代官等迄何時も申達可然候、此旨可被申聞由候者也（二四〇頁）

趣旨は、松瀬村の百姓たちが庄屋による反米貫越の不正を訴えるとき連判状を作り、結果的には提出しなかったが、もともと多人数申し合わせて連判することそのものが御法度である。百姓たちへ厳しく言い聞かせるべきである。庄屋などのやり方におかしなことがあれば、連判なしに下代や代官へ申告するよう言い聞かせるべきである、といっている。

ここで、「御法度」であると批難されたのは、「人数多申組連判等」したことで、その行動

が佐賀藩初代藩主鍋島勝茂が制定した「鳥ノ子御帳五　公儀御法度」の第一〇項「不依何事徒党を結事」の「徒党」にあたると判断されたものであろう。しかし、幕府によって「徒党」の定義が明文化されたのは、時代は下って百姓一揆多発時代の明和七年（一七七〇）のことであり（深谷克己「一八世紀後半の日本」〈『岩波講座日本通史』14巻〉）、その「徒党」の定義は、「何事によらす、よろしからさる事に百姓大勢申合」せること（『徳川禁令考』前集第五　二八三六）となっている。庄屋の不正を申し立てるために集まり連判したことが「よろしからざる事」に該当するのか疑問もあるが、すでに元禄時代において佐賀藩では、民衆の団結行動そのものに多大の警戒感を持っていたらしいことを知ることができる。

多久や唐津で禁令違反の猪狩

第四巻解題において、「生類憐みの令」に関して将軍綱吉の真意を伝える触書記録があること、猪など獣害に対する多久領の対応などについて紹介した。これに関連して本巻には、規制に違反した猪狩りを行ったとして処罰された事例四項目の記事がある（二八頁～三〇頁）。首謀者四人、同勢者一一人である。四事例共通の違反事項は、もともと狩猟自粛日（公儀精進日など）であるのに、また、狩猟法としては「䡊」（夜に獣道に待ち伏せして狙い撃ちする猟法）

に限られているにもかかわらず、昼走りの猪を大勢で追いかけて打ち留めた、というものである。

表面的には単純な違反事例の列挙記事であるが、内容をよく読むと、むしろ当時の地域実態としては日常ごくありふれたことであり、支配側も黙認に近い状況ではなかったかと思われる。

推測の根拠としては、①四事例は、特定日（十七日、二十日の狩猟自粛日）に多久領東部の三地区（皆木、別府、猿川内）という限定された日と地域において一斉取り締まりが行われ摘発された結果であるが、それでもこれだけの違反事例があったということは、平常日における多久領全域では同様事例が頻発していたかと思われる。②支配側黙認状態が窺われるのは、同勢者一一人の中の一人村山甚助の肩書きが相浦角進与となっていることである。当時相浦角（覚）進は、狩猟方という狩猟取り締まりの直接責任者であった。相浦が自分の配下の者の違反を知らない筈はない。当然重科となるべきところ、一一人すべて、「下々之者ハ物之分りも存不申人並之様ニ存違」して参加した、と判断力がない者のように扱い、御叱捨で済ませている（三一頁～三二頁）。相浦角（覚）進は狩猟方の職務として地域からの猪猟の許可願を取り次ぐ役でもあり（六頁・一五頁）猪害など地域の実情もよく分かっているだけに難しい立場であった。

多久と境を接する唐津藩厳木あたりの規制はもっと緩やかだったようである。厳木の大庄屋が、自分の山が猪害で困っており猪狩りをやるので多久領の鉄炮持ちを派遣してほしい、と多久領の役人へ直接頼み断られた例がある（第四巻一八二頁〜一八四頁）。一介の唐津藩領の大庄屋が、他藩の役人を巻き込んで大がかりな猪猟を計画することそのものが一種の無法状態を思わせる。厳木や多久領のような中山間地域では、当時としては、猪猟は、獣害対策としても貴重な食料源としても、黙認せざるを得ない実情があったように思われる。

「殺生」の語には漁労や狩猟の意味もあった

「殺生」ということばの語釈は「生き物を殺すこと。また、特に人を殺すこと」（『日本国語大辞典』）となっているが、これが「漁労」の意味で使われている例があった（一六頁、原文は末尾註記）。『広辞苑』には、「狩猟・漁労などもいう」とあることから、当時の用例について本巻および第一巻〜第四巻の本文記事を検索した。「殺生」を含む用語は、貴人の逝去に伴う御触の「殺生禁断」用例が七件（第一巻三件、第二巻四件）あり、「狩猟」を意味する「殺生之鉄炮」の用例一件（第四巻）があった。「殺生」の語が「漁労」や「狩猟」の意味でも使われていたことを知ることができた。

預かり人の処遇に苦慮する多久家

第四巻解題において紹介した本藩からの預り人、北嶋（喜多嶋）覚左衛門の処遇について、多久は相当気を遣うことが多かった。

彼の「道広」（赦免）について、預りから四年後の元禄十年一月、鍋島大和（白石）・鍋島十左衛門（武雄）など本藩首脳部へ相談するが不調に終わる。気の毒に思った茂文は、当初条件では、米支給年一〇〇俵（三〇石相当）であったものを四〇石に増やすことにした（一二八頁）。しかし、すぐに「御城御内談」（大和・十左衛門？）の結果「覚左衛門家内潤沢ニ有之様ニ」世間に伝わってはいけないので、元に戻すことになった（一三〇頁）。

また、預かり当初は覚左衛門が「近辺あるき」（散歩）に門番足軽が必ず同行することになっていたものを、「覚左衛門窮屈」なことに配慮して本藩関係筋へ相談して、「自由に方々抔不被仕」様に自覚した行動をしてもらう条件で足軽同行は不要としていた（一〇頁）。ところが、覚左衛門はそれをいいことに羽を伸ばしたらしく杵島郡境近くの「天ケ佐古」（本巻末尾略地図E参照）まで行っていたことが露見し（一五三頁）、「佐賀表方」へも聞こえてしまう（一八一頁）。結果として本人へ厳しく申し入れすることになった（二六五頁）。

北嶋覚左衛門方へ口上ニ而可被相達手覚

一此間御役儀方之衆より此方へ被仰候、覚左衛門儀、（中略）程遠キ在所共ニ曽而不被参、（中略）十五丁計より外ニハ一切不被罷出様ニ、（中略）若、其上ニ而右限より外ニ被参候ハ、覚左衛門身躰之為ニ相成間敷候（後略）

佐賀本藩の指示もあり覚左衛門の行動範囲は十五丁（約一・五km）に制限されることになった。預り人の処遇について、本藩と預り人本人との間に立って気を揉むことが多く、茂文はじめ多久の関係者がいろいろ苦慮していた状況が見えてくる。

（平成三十年十二月・記）

【註】（「殺生」記事の原文）
「戌十月十二日　勘介殿御当役／一此方御手舸子、有重津へ罷居候惣左衛門義、弟力武津江罷在候伊兵衛下人ニ左衛門召連、伊兵衛船ニ乗、為殺生当八月廿八日朝潮より致出船」（後略）

コラム

佐賀藩の「御年行司」

「御屋形日記」には「御年行司」という役名が、領外への往来切手などの関連でよく出てくる。第三巻には三十件ある。一般的に年行司の語は「江戸時代毎年交代で五人組や、株仲間など商工業の組合の事務にあたった人」（「広辞苑」）を意味するようである。他藩における用例として「広島藩における近世用語の概説」（金岡照編）では、村庄屋の村費支出の記帳役・目付役的な仕事を交代で勤める役、という意味の解説がなされている。

佐賀藩においては、これとは全く趣きが異なり、早い時期から、領内の人別改めをはじめ領内外への人の出入管理統制など、強い権限を持つ固定役職として確立していたようである。

「御側外様諸役調子写」（鍋島家文庫資料）は、初代藩主鍋島勝茂から十代直正までの佐賀藩職制を一覧できる史料であるが、「年行司（または年行事）」は、勝茂代から直正代まで外様（行政部門）の役職として常置されている。また、「明細録抜粋」（同文庫）では、幕末期の組織配置として下人方を含め、国老役の頭人一、侍役の頭取一、附役三、手明鑓・足軽役の手許・下役それぞれ若干名が置かれ、中ノ小路にあったことがわかる。

年行司頭人は主として姉川・太田・深堀など家老六家から選ばれていた

ようで、「御親類御家老諸役」(同文庫)には、享保八年(一七二三)から文久三年(一八六三)までの郡代や請役などの諸役とともに、年行司名も詳しく記録されている。第三巻にも元禄四年(一六九一)閏八月、須古家の市兵衛から太田家の弾右衛門へ年行司交替の記事がある。

年行司の職務内容が法令の形で体系化されたのは、明暦元年(一六五五)の「鳥ノ子御帳四」の「領中人改様申渡条々」であるが、それより二十三年前の寛永九年、勝茂は「領中十人組」を作らせ、年行司が人改めをするよう指示している(「鍋島勝茂覚書」『佐賀県史料集成第十巻』七〇四号文書)。勝茂が早い時期から領中の住民管理体制の強化確立を志向していたことが窺われる。「鳥ノ子御帳」以後は独立した「年行司掟」として光茂代二件、吉茂代一件、治茂代一件を鍋島家文庫中に見いだすことができる。いずれも「鳥ノ子御帳」の条項を基本に追加体系化していったようで、「泰盛院様(勝茂)御掟之旨を以…」、「鳥子帳之旨を考、旧格ニ立帰…」という付言があったりする。また、「他国出之定」、「下人方掟」など事務処理細則的な条項を含むものもある。

年行司役所の日常主要業務は、佐賀から他領へ出る者について往来切手

（または板札）の発行、他領からの旅行者に対する滞在許可、転入者に対する居住許可などのほか、五人組を中心とした領民管理の徹底、人別改、不法入国防止などについて、郡方・寺社方・町方・御蔵方などの各部門を越えて指示する幅広い権限を持っていた。第三巻の年行司関係記事の大半は、往来切手（板札）や旅人の滞在日限、手続きなどに関するものである。

往来切手と板札の使い分けについて長崎往来の場合、侍格は切手、足軽以下は板札とされていた記事がある。佐賀藩の大配分である多久には、年行司名入りの板札があらかじめ配備されていたようで、前記須古家から太田家への年行司交替の折には、名前書き換えのため、板札の回収取り替えが行われている。

往来札の取り扱いは厳しかった。多久領の本村二郎兵衛ら三人は、豊前の彦山へ参詣の途次往来札を汚したということで、佐賀の年行司役所へ呼び出され始末書を取られた上、「夫過代拾人」（銀十匁）の罰金を仰せ付けられている。

年行司の仕事はそれだけではなかった。第三巻には、年行司が下人の恩銀取り立てに拘わっている記事が八件ある。

元禄四年八月朔日付「年行司掟」中には、「下人方之掟」三十九箇条を含んでいるが、「下人を抱候節は請人三人」を立てるよう定められ「恩銀借銀相滞候時は（請人）三人へ割付」けることとしている。

当時、下人（被使用人）の雇用時には、約束の雇用期間相当の恩銀（賃銀）が前払いされていたが、雇用期間を全うすることができなかった場合、不履行期間相当の恩銀を返納する定めがあり、本人または請人三人が連帯責任を負った。しかし、現実には精算が滞る場合も多かったようで、年行司役所は雇主等の申し立てにより、関係者に対し早期精算を命じた。

該当記事はすべてその事例であるが、関係者は多久領の役人付き添いの上、多久から佐賀の年行司役所へ呼び出され、返納金額と期限を申し渡された。これは、科人を評定所で裁く場合とほとんど同じ扱いである。基本的には私人間の貸借関係ともいえる恩銀精算事案について、年行司役所が、あたかも雇用主側利益の保障機関的役割を担っていたかのようにも見える。

（多久古文書の村「村だより」十九号）

コラム

御屋形日記の「…通」

「御屋形日記」には武士の身分ランクを表す「馬乗通」「侍通」という語が時々出てくる。第三巻では「侍通」が四件ある。例えば、長崎往来について「侍通迄御切手足軽以下ハ板札」などと、処遇の差異や職務の指定など、身分を明示する必要がある場合に使われている。「馬乗通」のほうは第三巻には見えないが、第一巻には十一件、第二巻には七件ある。いずれも身分を特定しての行動指示や処遇がなされる場合に使われている。

「馬乗通」「侍通」という呼称は、多久領においては制度として確定していたものらしく、多久領武士の服務規程ともいうべき「御定書」（刊本「佐賀藩多久家御定書」）の「御褒美方」の部には、永年勤続褒賞などが、御家老中、馬乗通、侍通、御歩行、足軽・仲間の身分ランクごとに区別して定められている。

ところが、この「…通」というときの「通」の字が何を意味するは必ずしも明らかでない。そこで、第三巻の中に、「〇〇通」（〇〇は人名）という表現の記事があることを手がかりに考えてみた。

該当記事は次のとおりである。

①「妙永傍へ罷居候女子はま、…覚蔵坊へ縁組御座候、惣而、はま通之縁組、御前被聞召上ニハ及不申候…」

②「古賀三五兵衛娘、境貞右衛門子ニ縁組相澄候、…三五兵衛通之娘縁組之儀ハ、被聞召上ニハ不及由…」

二つの引用記事から、この時代、家臣やその家族の縁組は領主の承認を得ることになっていたが、その対象となるのは一定ランク以上の者であったことがわかる。そのならわしの中で、「はま通」や「三五兵衛通」の者は領主承認不要であるというのである。

この場合の「…通」の意味を推測すれば、はまや、三五兵衛「程度のランクの者」、または「同格の者」、「相当の者」は、領主の承認不要という意味になるかと思う。この解釈を「侍通」に当てはめれば、「侍同格」、「侍相当」ということになるであろう。

それではなぜ「侍」でなく「侍通」なのか。このことを細川章先生にお尋ねしたことがある。先生は「多久は本藩に対して又内なので、その配慮からでは?」とのことであった。それでは、他の大配分領内でも同様かと思い武雄領の「科人帳」を参照してみた。「侍」の使用例は二件あったが、「侍通」の表現は見当たらなかった。やはりなぜ「通」なのかとの疑問は残る。

（多久古文書の村「村だより」二十号）

コラム

「みいら」のこと

「御屋形日記」元禄五年五月廿六日付の記事（刊本第三巻二五二頁）に、「南里与兵衛、長崎より持参仕候由ニ而、みいら被差上候、（中略）金子弐百疋被遣候、みいら之儀此方ニも此中より御所持被成、差立御用も無御座候へ共、志之段被召置候（後略）」という記事がある。

南里与兵衛（身分不詳）という人が、長崎で入手したとして「みいら」なるものを（多久領主茂文に）差し上げた。（領主は）「みいら」はすでに所持しており特に必要もなかったけれど、志に感じて金子二百疋（一両を仮に一〇万円で換算すれば五万円）を遣わした、というものである。

まさか、死体を乾燥させて原形保存したミイラが、江戸期日本の流通ルートに乗るとは考えられず、どんなものか全く見当がつかない。校注をどうしようかと思い悩んでいたところ、たまたま、一七世紀後半の江戸の習俗や景観について書かれた「八十翁疇昔話」（『日本随筆大成』第二期第二巻所収）という本の中に「みいら」の記事を見つけた。

一六七〇・八〇年代頃の出来事として「みいらという薬、大きにはやり。歴々衆大名も呑む。下々も呑む。癪気・痞（しゃっき・つかへ）に能く、虚性を補ひ、脾腎を整へ、気力を強くし、食傷、其外諸病に能とて呑まざる人なし。方々の薬種屋にて売る。」とあり、中味については「薬種二三種に、松脂にて練りたる様なる薬」であったが、「病気にはきかず。又あたりもせず。何の益なき薬なり。七八年、殊の外はやりて段々止」と、当時一過的ブームとなった流行薬であったことがわかった。また、『日本国語大辞典』でも、アラビアあたりにある植物から作られた「没薬」と呼ばれる薬であるとの記事も見いだした。

当面の疑問は解けたが現物のイメージは掴めないままであったところ、これも偶然に現物に出会った。東大阪市に住む友人の案内で同市の「鴻池新田会所」（国史跡・重要文化財、大阪の豪商鴻池家が十八世紀に開発した新田の管理事務所であったところを博物館として公開）を見学した折のことである。

「新田会所の薬箱」というコーナーがあり、「人魚の骨」とか「龍の骨」などという怪しげなものに

鴻池新田会所所蔵の「みいら」（写真：同会所提供）

交じって「みいら」というラベルが貼られた円形の器があった（写真左）。後日談によれば、この企画は三週間ほどの期間限定展示であったとのことで、それに行き逢うことができたのは、全くの幸運であった。

中味は、展示ケースのガラス越しなのでよく分からなかったが、なにか黒いものが見えた。本稿を書くため、同会所の学芸員松田順一郎氏へお尋ねしたところ、意外なことが分かった。（写真右）がその内容物である。また、写真左では文字が小さくてよく見えないが、ラベルの「みいら」の文字の右側に「キヅクスリ」と書かれている。「八十翁疇昔話」で語られる呑み薬とはとても思えない。

松田氏による内容物の鑑定結果は、「樹脂と骨の砕片が多くを占める。右列は獣骨。動物種は未同定。肋骨部分かと思われる。上下の骨はつながっていたようだが、接合できない。下辺は樹脂の塊で、わずかに骨片がまじる。本来は軟膏で、長年放置され、揮発成分や水分が失われたものらしい」ということである。

同氏は今回改めて「みいら」の再調査をされ、高画質の写真を提供していただいた。感謝の外はない。

片や呑み薬、片や軟膏。「みいら」は一種類ではなかった。南里与兵衛が茂文に差し上げた「みいら」はどちらだったのだろう。かえって謎は深くなってしまった。

それにしても、「文廟記」などを読めば、近づき難い謹厳な青年君主像が浮かぶ多久茂文であるが、当時全国的大流行の新薬をいち早く入手していたという記事をみて、茂文に、そのような「流行好」の一面もあったのかと、何となく親近感を覚えたことであった。

（多久古文書の村「村だより」二十一号）

コラム

多久へ登る、佐嘉へ下る

「御屋形日記」を読み始めた当初、不思議に思ったことがあった。それは、佐賀―多久間の往復について、日記では、多久→佐賀(佐嘉)は必ず「下る」であり、佐賀→多久は「登る」となっていることである。

例えば、「御屋形日記」第一巻貞享三年(一六八六)一月十九日条「杢佑殿御事、佐嘉御下被成候事」とあり、同廿一日条「杢允殿御事、佐嘉より御登り被成候事」と書かれている。

これはその後も同様で、現在編集中の第五巻に収録予定の記事を見ても、元禄七年(一六九四)極月朔日条「権兵衛殿御番月ニて候へ共…極月六日より多久御登…」であり、同月廿五日条「靍田惣左衛門・西藤蔵被仰付口書取候而、被罷下御披露之上…」また、元禄八年三月三日条「…東右衛門義も被罷下、権兵衛殿より…」と佐賀へ行くことが「罷下」だけで表現されている。

素朴な感覚からいえば、多久家の武士は佐賀本藩の陪臣なのだから、多久から御城下佐賀へ行く場合は「登る(上る)」が当然であり、逆は「下る」というべきではないか、と思った。もしかしたら、戦国末期から始まる多久家(後多久)は龍造寺長信が始祖であることから、多久家の家臣たちは、多久こそは龍造寺本貫の地であり、その矜持を守り抜くべきと考え「多久登り」にこだわっていたのかもしれない、と思ったりしたものである。

ところが、この龍造寺本貫地仮説はあっけなく消えた。「佐嘉下り」は多久だけでなく小城藩領内の庶民用語としても使われていたことが分かったからである。

その史料は、『犬山家文書　第三巻』(『小城市文化財調査報告書』二三集)にある。同書目次に「六、家事　2銀請払帳(嘉永四年)」と記されている史料がそれである。

同史料は、小城藩北郷（現在の小城市三日月町とほぼ同じ領域）大庄屋を勤めた犬山万之允による嘉永四年（一八五二）九月～五年八月の金銭（含藩札）受払記録であるが、物品売買、個人貸借、本人小遣いなどについて月日、項目、金額が細かく記録された史料である。項目に「佐嘉下（り）」と記された記事は三か所ある。

① 一六ページ（嘉永五年閏二月）

「同十六日佐嘉下候節　□同三両」

① 八ページ（同年六月）

「同廿八日佐嘉下り之節帷子三反　□□両」

② 一八ページ（同年（七）月）

「同七日佐嘉下り之節小遣用一　同壱両」

（注・□は破損判読不能箇所、（　）内は筆者注）

このように三か所とも「佐嘉下（り）」と書かれている。大庄屋は武士ではなく、小城は龍造寺氏とは直接関係ないので、龍造寺氏本貫地仮説は根拠になり得ない。多久・小城ともに、佐賀へ行くことを「下る」と言っていたのは、多分、地理的な高低差が基になっていたのではなかろうかと考えた次第である。

ただ、昭和十年生まれの私は、この言い方を耳にした記憶はない。昭和二十年代、私たちは、佐賀へ行くことを「佐賀サンいく」または、「佐賀サミャー行く」と言っていた。これは、「御屋形日記」の中に時々出てくる「〇〇の様へ」という言い方が訛ったものではないかと考えている。

（多久古文書の村「村だより」二十二号）

史料集という森に深く立ち入る

大園隆二郎
日本中近世史研究者、
文化団体「多久古文書の村」第二代村長、
前・佐賀県立図書館近世資料編纂室長。
佐賀県佐賀市生まれ・在住

佐賀県多久市に拠点を置く文化団体「多久古文書の村」が行ういくつかの活動のうち、古文書の学習をする集まりに「多久古文書学校」がある。毎月一回三パートに分かれて多久郷土資料館において熱心な読み合わせなどの学習の会合を持たれている。テキストは同館に所蔵される『御屋形日記』を主としている。本書の著者の片倉日龍雄氏はこの「多久古文書学校」での指導的立場の方であり、運営についても学校で言えば教務主任の働きをされている大黒柱的存在である。今回上梓された『多久家文書にみる「葉隠」の時代』はその学習会の研鑽から紡ぎ出されたものと拝察している。内容は葉隠研究会からの依頼で機関誌『葉隠研究』に連載されたものを中心とし、付録として、これまでに刊行された史料集『佐賀藩多久領御屋形日記』第3巻・第4巻・第5巻の解題、さらにコラムとして「多久古文書の村」機関誌『村だより』19号~22号に寄稿された研究の一端が収められている。

私見であるが、歴史研究の分野で、史料集をじっくり腰を据えて読み検討するという研究の在り方が、論文の送迎に忙しい現代は従来に比し少なくなったように感じている。本書は史料集という森のなかに深く立ち入り、その言わんとするエキスを汲み取り、片倉氏の現代も踏まえた視点で解釈紹介された成果である。以下、片倉氏自身の文章がそのまま達意の解説となっているので、それ以上は屋上屋を架するものと思えるが、ご依頼により若干の解説を試みた。

多久家文書にみる『葉隠』の武士たち

武士の存在とは、どのようなものでなければならないと認識されていたか。著者によれば、「御屋形日記」の記録では武士、武士道の用語は少なく、元禄十四年（一七〇一）までの二十年間で武士は三回、武士道は一回のみという。それらはどういう形で使われたかといえば、刀・脇差を指す武士という立場にふさわしくない臆病な行動をしたとき、「武士相立たず」「武士道に負（そむき）し」のように使われて表現された。

武士の立脚点は基本的に猛々しい勇気ある行為にあると認識されていた。であるからこの時代の武士たちの意識の中には、先祖の武功をそのまま誇る気分がまだまだ強かった。たとえそれが戦国時代の今仕える領主の祖先への敵対行為であったとしても、また今同僚となっている者の先祖を打ち取った行為であっても、その武功を誇ることに何ら抵抗はなかった。著者は『水江臣記』からその例を引き、武功そのものに価値を認めていた当時の侍の意識の有り様を示した。それは『葉隠』の「武士道においておくれ取り申すまじきこと」のあり方と通底していた。しかし、意識を武功の価値観をおいたとしても、戦闘の時代はすでに終わっており、求められているものは武士の事務官僚化であった。

著者は「御屋形日記」から病気を理由に公務出張を断る上士クラス4人のことや副嶋柳右衛門などが事務官僚として苦労している姿を紹介しつつ、「時代の転換」の曲折を浮き彫りにしている。

弱者に寄り添う「慈悲」

時代が進んでいるのか退いているのか。たぶん私も含めて多くの人は進んでいると思っているのではないだろうか。しかし人間的にわれわれが父母よりもまた祖父母よりも、さらにその先の先祖よりも果たして立派になっているのか、本項は読後ふとそのような想いを抱かせる。

著者は「慈悲」を観点にして『葉隠』を援用しつつ考察する。同時代の『葉隠』が示す「慈悲」は「寛容」「情け深い」「親切」「思いやり」などに置き換えられるが、具体的事例が語られていない。そこで「御屋形日記」から当時の慈悲の表れを探っていく。元禄十三年・同十四年の記事では、殺人を犯した罪人の病気にお抱え医師を派遣し薬を処方し、当時庶民には手に入ることも難しかった朝鮮人参を与え、親族の求めに応じ蚊帳を引くことも許可している。蚊帳にはそれを吊るす紐が付いているが、それで自殺するおそれもあるので、吊り手は「紙こより」にするように指示を与えるなど配慮は事細かである。著者はこれが、当時将軍綱吉による「入牢者の待遇改善も含まれていたという」生類憐みの令を憚った施策であった可能性も推考し、そのような「たとえ上からの指示であったとしても、当時このような弱者の立場に配慮した施策が行われ、それが地域の末端まで浸透していたことは特筆すべき」と結論した。

また、次の例では、石高のごく少ない零細下級武士四人がさらに弱小の村の困窮者に金銭や米一俵あるいは一石（二俵半）を与える記載を紹介し、貧者の一燈としての利他の隣人愛を紹介している。

女たちの立身

歴史の出来事をその時代に立ち、真に理解することは難しい。どうしても現代の感覚で解釈してしまうからだ。時代は現代に飛んでしまうが、たとえば新聞社のコラムに「空や川がきれいになったのは、煙突が煙をはかず、川に機械油が流れぬからである。つまり生産がすっかり止まっているからだ。商工業都市の空や川が澄んでいては、市民の生活は楽にならぬ……モクモクと出る煙突の煙で、名月などが見えぬくらいに思いきり曇らせてみたいものだ。」という記事が載ったとする。環境問題に敏感な今の世の中では、朝刊が届くやいなや新聞社には非難の電話やメールが来るだろう。当然である。現代の常識おいては受け入れることはできない。これは昭和二十二年十月一日に掲載された朝日新聞のコラム「天声人語」である（『天声人語1』昭和56、朝日新聞社）。国民が飢餓線上にあり、なにより復興が希求されていたその当時の時点に置けば、これは違和感なく受け入れられるものであった。
『葉隠』を口述した山本常朝は父の七十歳のときの子であって身体が弱かったらしい。父は「塩売になりとも呉れ申すべし」（聞書第二、『校註葉隠』343）といっていた。現在の常識からいえば、塩売りに呉れるとは、とても冷たい親に見えるが、当時の風習では身体が強くなるように子どもを塩売りや塩屋にいったん出す形にすることがあった。塩に特別な力があると信じられていたからである。初代藩主鍋島勝茂の嫡子忠直も佐賀城に塩商人を招いて抱いてもらうことを行っている（参考：金子信二「葉隠のなかの民俗　塩」、『葉隠研究』41号所収）。

これらの例のように、その時代が持っていた過去の感覚というものは、時の流れとともに忘れられ、今現在の感覚で歴史事象は解釈されやすいものである。この項目で著者が取り上げられたものは藩の後宮組織で立身していく女性たちの話である。

まず『葉隠』から史料を引いてある。鳥巣甚右衛門が離縁した女房と娘おモトは二代藩主鍋島光茂の娘春姫に仕えたが、のちおモトは光茂の寵愛を受け市姫を産む。この翌年実父の鳥巣甚右衛門は足軽から侍に取り立てられる。その後おモトは後宮をさがり光茂の重臣の妻となる。母も鳥巣とは別の上級家臣野口新右衛門の妻となる。おモトはいわゆる「拝領妻」となるのである。さらに著者は多久家家臣の系図にも領主の側室から、家臣の妻となる家の書き込みに「御内召し使われ候女中を妻に下さる」といったものが書かれていることなどを引いて、「拝領妻」は「現代の眼でみれば、女性の人格・心情を無視して物品同様の扱いをする人権蹂躙そのものである」が、当時の人にとって、「先祖に「拝領妻」をもつことは名誉なこと」ではなかったかと考察する。

また「御屋形日記」の元禄六年の記事から、光茂の娘光姫の「おさし（乳母）」となった百姓茂右衛門女房（奥向きでは「梅が枝」の名を与えられていた）について紹介する。梅が枝は光姫の江戸への随行を幼い娘があることで断っていたが、娘も光姫の小々姓に召すということに決まり、ともに江戸に行くこととなった。母子ともに多久領の農民の娘から藩の奥向きの組織に職を得ていったのである。破格なことであった。著者は当時の女性にとっては、後宮は「女性が独立した人格として職能的に代替性のない能力を発揮できた」組織であり、「自己を発現し」「能力を認められふさわしい地位につくこと」つまり「立身」ができる場ではなかったのかと考える。

また長年古文書学校を指導された故細川章先生の「拝領妻の娘」（『佐賀藩多久領古文書に見る地域の人々』所収）も紹介し、系図に書かれた領主の側室を先祖にもつことをわざわざ記載していったことについて細川先生が「拝領妻とは誇らしいいいものだったのでしょうか」という感想を持たれていたことも紹介している。

パラダイムシフト時代の武士たち（一）
パラダイムシフト時代の武士たち（二）

上京の折、新幹線の車窓から富士山に出会うとその美しい姿にはあらためて魅了される。富士登山のときはこの美しい山の全容はまったく分からない。ただただごろごろした石の中を足もとを見ながら急峻な道をひたすら登っていくのみである。大局に立ってみるとか、その場を離れて鳥瞰してみるとかいうことは、同時代ではでき難いことだ。山の中にいては山の形が分からない。山から離れて行くにしたがってその全貌が見えてくる。人が生きる現代というものもそういうものであろう。

本項は元禄期を中心とする多久家の記録二十年分から見えてきた侍の実像の分析である。元禄時代は当事者の武士たちが自覚できなかった時代の転換期にあった。役所の記録が整えられ残っていくのもほとんど貞享・元禄時代からである。まず取り上げられたのは、本藩の下級武士の接待に悩む多久の家老を含む上級武士たちの話である。

伊万里からの公務の帰途、多久に立ち寄った佐賀の下級武士二名が供応を求める。多久では宿泊や寝酒まで用意したが「酌取り恰好を出し候へかし」と酌をしてくれる女性までを求める。多久側はこれを「女子（おなご）ども出し候儀は何とぞ無用候様に」となんとかうまくことわり、侍の接待人数を増やして対応する。彼らは翌日の昼過ぎに出発するのだが、その前にまた酒を飲んでいる。『葉隠』の山本常朝が嘆いた侍たちの姿である。

著者はこの小さな記事から「公儀体制の浸透」を読み取っていく。先の二人連れは佐賀本藩の侍名簿にも記載がない小者である。それがなぜこのような尊大な態度をとれたのか、また多久もなぜそれに対応したかという問題である。著者は、それはこの時代に「公儀概念による組織の上下秩序認識が末端に至るまで浸透しており、多久と本藩との関係も、その同じ秩序認識の中にあった」と理解し、それを「パラダイムシフトの進行」の故と考える。時代は武功で上下の身分家格が動く自由度を失い、固定された堅牢なヒエラルキーの息苦しい時代に変わっていたのである。著者は、侍たちは「武勇・武芸が優先的価値観であった時代が終わり、訪れた新しい時代の生き様をまだよくつかみきれず、一種の精神的漂流状態にあったのではないか」と考える。であるから「そういう彼らには、生き方の指針となるような思想・教義が求められる状況があった」とする。そして『葉隠』の登場した理由をこの線上に見出し「『葉隠』は、彼らのために、新しい時代の「畳の上の奉公」の在り方を説く硬骨の人生指南書として編まれたものである」と結論している。たしかにそれは時代の要請に応えた『葉隠』の一面であり、筆者も同感の思いである。

続編「パラダイムシフト時代の武士たち（二）」は、精神の立脚は過去の武功に根差し、日常では吏僚的奉公に励まざるをえない武士たちの苦労などを紹介してある。命ぜられた業務を病気を理由に拒否し処罰を受ける武士たちにこの矛盾を容易に受け入れきれない姿が見て取れるようだ。

なお、十分解釈できないとされた百十七頁の「壱ツ首に候間、返し申す」の箇所については、『越後軍記』（『国史叢書』第18）に「一日の戦に、首一つ取りたるを一つ首といつて不吉なり。実検に入るべからず」など書かれており、当時の戦国期の九州にあっても、このように一つ首を嫌う風習があったのではないかと思われ、それがわざわざ取った首を返した理由と解釈されるようだ。

多久長門茂矩の隠居

幕末の尊王派志士で碩学であった枝吉神陽が編纂にあたったものに『葉隠聞書校補』がある。『葉隠』のおもに人物を解説したもので、内容には定評のある大著で葉隠研究者の信頼度は高い。筆者も幾度この書に頼ったか知れず、この書なくば『葉隠』の解説ができないところも多い。

たとえば『葉隠』巻一に「勝宮企み内引入れられ筆取りなり。後押込の詮議に及んで内一部を達し座を立ち直ちに山居なり」とある。これでは何が書いてあるか、理解することはほとんど不可能である。実はこれは二代光茂に対する主君押し込めの談合が佐賀藩内でなされていたことを記したもので、内容が内容なのでわざと憚って知った人にしか分からないように書いてあるのである。『葉隠聞書校補』にはこれを「勝ハ大木勝右衛門知昌也、宮ハ岡部宮内重利也、内ハ鍋島内記種世也」と解説し「勝宮」「内」は人名であることを教えてくれる。藩主鍋島光茂の押し込めを進めていた重役たちということになる。

このように『葉隠聞書校補』は『葉隠』の理解に必要な書である。しかし著者はこの書の中の多久長門茂矩の記述に「少なからず違和感を覚える」と異議を掲げられ無条件には用いられないとされた。『葉隠聞書校補』には、多久領主の多久茂矩は「あたかも人物的に領主不適格であったので隠居させられ、弟の兵庫が後見役をした」とされていたからである。そしてリアルタイムで書かれた「御屋形日記」や多久家が編纂した『水江事略』を考証すると「隠居の原因」等々に「全く違った事実や状況が見えてくる」という。それではどのような人物像が見えてきたのか、本項はその具体的な解説である。多久茂矩の姿は大分修正されたものとなった。

名著の名の高い『葉隠聞書校補』にもなお史料吟味の必要性があることを教えられたものである。

「生類憐み」の時代

現在人に飼われている犬や猫は膨大といってよいほどの数らしく、ショッピングモールなどのペットショップには人だかりをよく見かける。今のペットは身体にチップを埋め込まれ、ワクチンをうたれ去勢や避妊をされるのが一般と聞く。場合によっては近所の迷惑を考えてずっと外に出さない飼い方を余儀なくされることもあるようだ。このような飼い方は今は常識、あるいは良識に沿ったものなのであろうが、もしかしてこのようなやり方を後世から批判されることはないだろうか。動物と人間の距離はどれほどが適当なのか、どのような関係が適切なのであろうか。

五代将軍徳川綱吉が生類憐みの令を出したとき、将軍の奥小姓であった小城藩主鍋島元武は細かくは「蠅打ち（蠅たたき）」の製造まで禁止する徹底ぶりであった。しかし、その隣領多久では、村方の生活を考慮した実はかなり緩やかな運用がなされたというのが、史料から著者が検討された実態である。『元武公御年譜』（『佐賀県近世史料』第二編第二巻）に見える旗本の十二歳の息子が、吹き矢で燕を落としたことで打ち首となり、その父は遠島になった話は、当時の人を緊張させたであろう。将軍膝下の江戸は厳しかった。小城藩の政策はこの忠実な反映であろう。

しかし著者によれば、「御屋形日記」から見えた多久の実態は、大分違っていた。猪など村の農産物に被害を与えるものは、犬で追い込み猟師が鉄砲で打ってよく、禁領地に入り込んでいる場合でさえ狙い撃ちが許されていた状況であった。さらに武雄領や唐津藩の様子も「御屋形日記」を通じて考察し、これもゆるやかな規制であった実態を報告されている。

著者は「生類憐みの令」は「戦国時代とは全く違う価値観の定着を、強力に推し進めた一種の「劇薬的政策」として理解すべき」と見てあるが、たしかに武断的戦国の余臭を一気に払拭する流れをつくった法令といえる。多久においても今に残る多久聖廟が建てられ、武士の中に学問に向かう兆しが現われるのがこの時期からである。

藩境紛争を解決した民間外交

境界争いほど解決の困難なものは少ないだろう。双方に利害のほかに面子や立場があり、譲るに譲れない場合が多いからだ。大きくは現今の日本が抱える三ケ所の領土問題も同じであろう。

これは佐賀藩領である多久と唐津藩領である厳木の隣同士の藩境紛争が、どうして平穏裡に解決できたのかを「御屋形日記」の記載を追って述べられたものである。経過の詳細は本文にあるが、著者は役人の公式交渉でうまく行かなかったものが、村同士の民間交渉で収まっていく過程を紹介しつつ、「多久・厳木間地域同士の草の根交流の歴史集積があって可能になったものといえる。」と結論されている。

多久茂辰の挑戦「問題手頭」

ここで取り上げられた「問題手頭」は多久市郷土資料館に所蔵される『肥陽旧章録』の中から紹介されたものである。この書物は貴重な文献であるが、いままでに活字化はされていない。現在、多久古文書学校で翻刻のためのテキストに使用され、そのための学習会が継続されている。

「問題手頭」は佐賀藩政の初期、名家老と称せられた多久美作茂辰が藩の重臣十五名に藩政について大小十三項目を諮問したものである。早くから佐賀藩政研究では注目されている史料であり、城島正祥氏はその著『佐賀藩の制度と財政』（一九八〇、文献出版）でこの「問題手頭」という諮問書を茂辰が発した経緯について「寛永二十年天皇御即位の大典に藩主の名代として上洛した茂辰は、上方の飢饉の様を見聞して驚いたが、同時に佐賀藩政についても、とかくの風評を耳にした。帰国の後茂辰は早速年輩の侍十数人を選んで「問題手頭」と呼ぶ数条から成る問題の覚書を送って、「点合」即ち批判回答を求めたのであった。」と紹介されている。

藩政初期の佐賀藩の政策を考える上でのこの史料の検討は、いろいろな面で有用である。本項であらためて取り上げられたのもそのゆえと思われる。筆者の知るがぎりでは、このように「問題手頭」の内容を一般にも分かりやすく丁寧に紹介されたものは本項以外に見ない。さらにその後、茂辰が初代藩主鍋島勝茂の側近であった中野数馬佐宛てに出した「問題手頭」の概要報告である書状に注目し、その内容が「抽象的で具体性のない模範答案的要約報告で」先に実施した重臣との往復には「容赦ない再質問で本音を引き出し具体的情報を得ておりながら、それが文面に反映されていない」との指摘をされたことは著者の考察が深く及んだところと思われる。細かいところに気を遣う勝茂の性格とそれを見通した茂辰の宏量な器量が窺われるような気かした。

附録　『佐賀藩多久領 御屋形日記』の解題

この附録は『佐賀藩多久領御屋形日記』の第三巻（平成二十六年）第四巻（平成二十九年）第五巻（平成三十一年）の詳細な解題である。第一巻・第二巻は多久古文書村の散使（事務局長）であった故細川章先生が担当されていたものを、第三巻以降、著者が引き継がれた。小見出しもあり、また各冒頭に新たにその各巻の主旨も述べてあるので、解説は要しないと思われるので、ここでは解題に書かれている主な内容を箇条をもって簡単に紹介したい。

第三巻

・「生類憐みの令」の関連記事について（女山七郎宮祭の狩り、ちん犬探促）
・下多久水争い
・多久領内武士の内證差問え（飢餓に及ぶ経済的困窮）
・年行司の仕事
・寺社、商工業関係記事（住職人事、堂舎普請、寺社領、酒たばこ免許など）
・高木河内（北多久町）の銀・銅の鉱山開発の不成功

第四巻

・多久領の統治について、その意思決定の構造（領主多久茂文の憤懣）
・佐賀藩主鍋島光茂の法令整備
・本藩家臣北嶋覚左衛門預かり一件の経過
・「生類憐みの令」への多久領内の具体的対応
・領主の下達ではなく、近親などの要請により行われた追放刑
・武芸者の内證差問え（経済的困窮）

・寺社参詣の盛行の実態（伊勢神宮・彦山・相賀薬師）
・領内および京都の御用商人の失われた商道徳

第五巻
・多久領の統治者たち
・有力家臣の公務不履行
・百姓から庄屋が訴えられた反米増徴（連判した百姓たちへの咎め）
・猪の狩猟の禁令違反と地域の実態
・「殺生の鉄砲」の「殺生」の意味
・預かり人本藩家臣北嶋覚左衛門の扱いについての気遣い

コラム

本章は不定期に出されている多久古文書の村の機関誌「村だより」に寄稿されたものである。著者独自の問題意識を慧眼を以て捕え紹介されたもので、コラム的に書かれたものであるが、研究者を裨益するところが多いものと思う。

佐賀藩の「御年行司」

各藩にも年行司という役目はあるが、概ね村方や町方の役職であることが多い。佐賀藩は初代藩主鍋島勝茂のときから人改めなど重い権限をもった侍が勤める藩の正式な役職であることを報告されたものである。短いものであるが、佐賀藩の年行司に焦点をあて解説したものは殆どなく貴重な論考である。

御屋形日記の「……通」

「御屋形日記」の中に見える「馬乗通」「侍通」「(人名)通」の「……通」の用語について考察されたものである。現在では死語となった使い方であるが、「程度のランクの者」「相当の者」などの意味と捉えてある。史料の意味を深く解釈しつつ翻刻作業を丁寧にされていった過程の中でもたらされた収穫といえよう。

「みいら」のこと

元禄五年の「御屋形日記」から「みいら」を領主多久茂文に献上した記事から、その「みいら」がどのようなものであったのかを、東大阪市の鴻池新田会所の博物館で薬箱に「みいら」のラベルを発見した体験を交えて語られたもので、歴史研究の楽しさを感じさせる。

多久へ登る、佐嘉へ下る

「御屋形日記」から汲み取られた一つの疑問への追求である。佐賀藩の藩主の居所はいうまでもなく佐賀(佐嘉)城である。その佐賀へ多久から行くのに「佐嘉へ下る」という。逆に多久へ向かうのに「多久へ登る」という。これはなぜなのか。京都から佐賀へのぼるといったり、逆に佐賀から京都へ下るというのがおかしいことと同じように、佐嘉へのぼる、多久へ下るではないのか、そうでないとすればそれはなぜなのか。

　著者は初め多久が鍋島家の旧主龍造寺家のためかと考察するが、隣領小城藩の大庄屋の記録にも同様な用例があり、その説は否定される。結論は出ていないが、このような問題提起自体が面白く、史料を注意深く読まれてきた著者ならではの着眼と思われる。

あとがき

私は、必ずしも『葉隠』の忠実な読者ではないが、積極的活用者ではある。

多久古文書学校では、平成十年から資料集『佐賀藩多久領御屋形日記』を刊行する計画が進められ（第一巻発行は平成十六年九月）、私はパソコンによる版下原紙の作成と人物考証を仰せ付けられたが、そのことで、『葉隠』が「御屋形日記」の登場人物の身元調べのデータベースとして活用できることを知った。その際、池田賢士郎編『校注四書・葉隠索引』が大変役に立った。

これを契機に『葉隠』を拾い読みするようになったが、「御屋形日記」に出てくる武士たちと、世に言いはやされている剛直な「葉隠武士」像との間に落差を感じるようになり、「多久家文書にみる葉隠の武士たち」を『葉隠研究』誌に投稿し掲載された。本書所収冒頭の第一篇がそれである。

ほかの八篇も、「御屋形日記」や「肥陽旧章録」など多久家文書の大半が『葉隠』と同時代史料であることから、その時代の多久地域に生きていた人々のありのままの姿や、抱いていた先入観とは異なる地域の実情を紹介したいと思い執筆した。

こうして連載した九篇の本書収録にあたっては、全体の流れや一体感を考え、掲載時には小見出しがなかった四篇に新たに小見出しを入れ、引用史料名や役職名などの表記を統一し、史料の概要紹介が重複するものについては記述を簡略化した。また、現代とは異なる当時の組織や特別な用語についてはふりがなを付けたり説明をより詳しくした。

また、刊行本『佐賀藩多久領御屋形日記』第三巻〜第五巻の「解題」は、執筆にあたって学ぶことの多かったものであり、附録として収録することにした。記述内容には、各巻ごとの史料構成の説明や関係者系図など重複箇所がいくつかあり、さらに本文中のページを表示するなど、本書でのみ読む方には煩雑な思いを抱かれそうだが、これをもとに原文や原本照会をしていただく方を想定し、そのさいの手がかりと考え、あえてそのまま転載した。また、小見出しを新たに加えた。

私は、平成八年の定年退職を契機に、出身地多久の地域史研究を志して多久古文書の村の学習組織である多久古文書学校に入学した。当時の多久古文書学校の主宰者は細川章先生であった。先生は歴史だけでなく文学や芸術にも造詣深く、佇まいが優雅で親切であった。先生に直接教えを受けたことを、私は人生の貴重な財産と思っている。

古文書研究についての先生の指導は厳正であった。読点の打ち方や文意を含めて一句、一字にこだわる吟味をなされ、翻刻は原本再現が基本であることを強調された。また、地域史料を読む基本視点として、多久の累積した歴史と風土のなかで「在地の者の目」をもって読むことを説かれた。その教えや、休憩時間などに語られた先生の余話が、本書所収諸篇を執筆する動機付けになったように、今更にして思う。

多久古文書の村の初代村長で九州大学名誉教授秀村選三先生には、平成十六年と平成十九年、資料集『佐賀藩多久領御屋形日記』第一巻および第二巻監修のため福岡から佐賀まで何度も足を運んでいただき、全文逐条審議による厳正な監修をしていただいた。私もその場に同席させてもらったが、そのとき先生から与えられた「『御屋形日記』と村方史料をドッキングさせた研究」という課題を、未だ果たし得ない非力を恥じている。

多久古文書学校同僚の黒髪和裕氏には、『葉隠研究』誌への投稿のつど、テーマや全体構成、文章表現などについてチェックをお願いし適切な助言をいただいた。

書肆草茫々の八田千恵子氏には、本の体裁・構成・割り付けなど編集の基本について専門家として助言を賜わっただけでなく、拙文を丹念に読み込んでいただき、初出誌で気づかなかった誤字脱字を見つけてもらったり、読者の目線に立って難解表現の言い換えをご教示いただいたりした。おかげで本書掲載文は初出誌掲載文よりも読みやすくなった。ありがとうございました。

多久古文書の村の現村長大園隆二郎氏には、佐賀県立図書館近世資料編さん室長在職当時から地域史研究の手ほどきを受け、『佐賀藩多久領　御屋形日記』第三巻以後の監修者としても懇切な指導に預かっている。本書所収九篇についても『葉隠研究』誌への投稿前に原稿をみていただき、史料解釈や用語の誤りを正されたり、関連する資料や出来事を教えてもらったりした。

さらに今回、本書出版にあたって「解説」を寄せていただいたが、本文九篇だけでなく解題、コラムまで全文隅々まで深く読み込んでいただき、私が強調したかったことやテーマの背景などを実に的確にわかりやすく解説していただいた。非才の私の筆者冥利に尽きる思いをしております。

令和元年十二月十日

片倉　日龍雄

・初出

多久家文書にみる葉隠の時代　（『葉隠研究』73号　平成24年7月）
弱者に寄り添う「慈悲」　（『葉隠研究』79号　平成27年7月）
女たちの立身　（『葉隠研究』80号　平成28年2月）
パラダイムシフト時代の武士たち（一）　（『葉隠研究』81号　平成28年7月）
多久長門茂矩の隠居　（『葉隠研究』83号　平成29年8月）
「生類憐み」の時代　（『葉隠研究』84号　平成30年3月）
藩境紛争を解決した民間外交　（『葉隠研究』85号　平成30年8月）
パラダイムシフト時代の武士たち（二）　（『葉隠研究』86号　平成31年2月）
多久茂辰の挑戦「問題手頭」　（『葉隠研究』87号　令和元年9月）

『佐賀藩多久領御屋形日記』の「解題」
　第三巻（平成26年12月）・第四巻（平成29年3月）・第五巻（平成31年3月）の同書

片倉日龍雄 かたくら・ひるお

多久古文書の村　多久古文書学校教務主任
佐賀県文書館をつくる会事務局担当

昭和10年（1935）佐賀県多久市に生まれる。
昭和26年（1951）南多久村立南多久中学校卒業。同年、電気通信省熊本電気通信学園に入学しモールス通信士の訓練を受ける。その後、電気通信省、電電公社、NTT、NTT ドコモの各機関に勤務。
平成８年（1996）NTT ドコモを退職。同年、佛教大学通信教育部（史学科）に入学し、平成12年卒業。
平成８年（1996）多久古文書学校に入学し、現在に至る。

【主要執筆論文】

「解題」『佐賀藩多久領御屋形日記』第三巻～第五巻（九州大学出版会、多久市教育委員会）
「解題」『佐賀藩多久領御家中寺社家由緒書』（岩田書院）
「近世後期、佐賀地方における情報流通について－弘化・嘉永期の商人日記を中心に－」（『九州国際大学国際商学部論集』第12巻第１号）
「幕末期佐賀藩の海外情報収集と対応－籌邊新編をめぐって－」（『幕末佐賀科学技術史研究』第１号）
「佐賀藩の情報収集と意思決定－天保～嘉永期を中心に」（『幕末佐賀藩の科学技術』岩田書院）

【表 彰】

平成28年（2016）長年の地域古文書の解読・解明による地域貢献活動に対して、一般財団法人逓信同窓会から、「大河内賞」を受賞。

多久家文書にみる『葉隠』の時代

○

令和元年(2019)12月10日　発行
著者　片倉日龍雄

発　行　佐賀新聞社
販　売　佐賀新聞プランニング
〒840-0815　佐賀市天神３-２-23
電話　0952-28-2152（編集部）

印刷・製本　㈱昭和堂　佐賀営業所

定価（本体1,500円＋税）